신안

D

D

대한민국 도슨트
한국의 땅과 사람에
관한 이야기

05

신안

강제윤 지음

21세기북스

신안 행정 지도

인구 4만 122명 (2020년 2월 기준)
면적 655.60㎢ (2019년 12월 기준)
행정구분 2읍 12면

서 해

신 안 군

무안군

목포시

해남군

진도군

흑산도

홍도

무안군

임자도
지도

증도

자은도
압해도
암태도
천사대교
압해대교
신안군청 ■
팔금도
목포시
비금도
안좌도
서해
도초도
해남군
장산도
우이도
하의도
신의도
태도군도
진도군
가거도

N

차례

'신안 도슨트'
강제윤

인공지능 알파고와의 대국으로 세계를 뒤흔든 천재 바둑기사 이세돌, 대한민국 제15대 대통령 김대중, 크리스티 경매에서 한국인으로는 가장 높은 경매가를 기록한 화가 김환기. 이들의 공통점은 무엇일까? 바로 신안이 고향이라는 사실이다. 이세돌은 비금도, 김대중은 하의도, 김환기는 안좌도가 고향이다. 잘 알려지지 않았지만 한국 최초의 세계 3대 영화제 수상 감독 또한 신안 출신이다. 1961년 '마부'로 베를린 영화제 특별 은곰상을 수상한 강대진 감독이 그 주인공이다. 그는 이세돌과 같은 비금도 태생이다. 그뿐인가. 한국인 최초이자 유일한 노벨상 수상자를 배출한 곳도 신안이다.

한국에서 기암괴석이 가장 빼어난 섬 홍도가 있는 곳도 신안이고, 조선 최고의 어류백과사전『자산어보』가 집필된 곳도 신안이다. 그리고 무엇보다 한국 섬의 3분의 1이 속해 있는 '섬 왕국'이 바로 신안이다. 하지만 홍도, 흑산도, 가거도, 증도 같은 유명 섬들이나 이세돌, 김대중, 김환기 같은 신안 출신 인물들을 잘 아는 이들도 정작 신안은 낯설게 느낀다. 왜일까?

신안군에는 진도나 완도, 남해도나 거제도 같은 모섬이

없기 때문이다. 신안도라는 모섬이 있었다면 달랐을 것이다. 신안군은 모섬이 없이 각각의 독립적인 섬들이 모여 형성되었다. 그래서 여행자들도 신안에 왔지만 대체 어디가 신안인지 알 수 없다. 신안에 왔으나 신안이 아니라 압해도나 암태도, 흑산도나 홍도, 증도 같은 개별 섬들과 마주하게 된다. 신안의 실체는 대면할 수가 없다. 그러니 여행자들은 신안을 다녀간 뒤에도 신안에 대한 기억이 거의 없다. 그저 가거도, 임자도, 하의도 같은 고유한 섬들만 기억에 남아 있을 뿐이다. 신안이 아니라 개별 섬에 다녀온 것이다. 신안은 도무지 손에 잡히지 않는다. 신안 여행자는 물론이고 신안 주민들조차도 신안을 하나의 이미지로 설명하기는 쉽지 않다.

나 또한 신안의 섬들을 수도 없이 다녔지만 신안이란 이미지는 쉽게 잡히지 않는다. 신안의 섬들은 저마다의 특별한 매력을 간직하고 있다. 베트남의 하롱베이나 중국의 계림 못지않은 빼어난 절경의 홍도, 중국의 닭 우는 소리가 들린다는 전설 같은 이야기가 전해지는 대한민국 최서남단 가거도, 『자산어보』의 산실이자 고래와 홍어의 섬 흑산도, 섬 가운데 사막이 있는 우이도, 모세의 기적처럼 날마다 바다가 통째로 사라졌다 나타나길 반복하는 갯벌의 섬 선도, 반월도, 박지도, 옥도 같은 섬들. 보물섬 증도와 소금섬 비금도, 도초도, 항일독립운동과 농민운동의 성지였던 암태도, 하의도, 신의도, 장산도. 서해의 황금시대를 일구었던 파시의 섬 임자도. 신안의 섬들은 저마다 특별한 풍경과 이야기, 맛과 멋이 깃들어 있는 독립 왕국이다. 그러므로 '1,025개의 섬'이 모인 신안이지만 고유한 섬들 하나하나가 바로 신안이다. 홍도가 신안이고, 장산도와 증도가, 암태도가 다 신안이다. 신안을 알고자 하면 추상적인 신안이 아니라 구체적인 각각의 섬들을 알아야 한다.

신안의 영역은 광대하다. 신안군의 육지 면적은 서울특별시보다 크다. 바다를 포함하면 신안군의 영역은 서울의 22배나 된다. 그 넓은 영역에서 독립된 섬들이 독립적인 삶을 영위한다. 신안에 사는 사람도 그저 자기 섬 주변, 신안의 일부를 살 뿐이다. 신안을 자주 여행한 사람도 신안의 극히 일부만을 여행했을 뿐이다. 그러니 누가 신안을 제대로 안다고 할 수 있겠는가. 이는 신안 여행이 신안에 대한 공부로부터 시작돼야만 하는 이유다. 신안은 다도해의 중심이자 섬 답사 1번지다. 그래서 한국의 섬을 알고자 한다면 섬 왕국 신안을 가장 먼저 공부해야 할 것이다.

이 나라 모든 섬들이 그렇듯이 신안의 섬들은 여전히 변방이고 오지다. 신안은 이 나라 국토의 끝자락이다. 하지만 땅의 끝은 결코 끝이 아니다. 바다의 시작이다. 해양을 따라 더 넓은 세계로 열린 문 신안. 신안이야말로 세계로 향하는 대문이요 통로다. 이제 신안의 실체를 찾아 신안의 역사와 삶 속으로 들어가보자.

신안에서 강제윤

신안은 1,025개의 섬으로
이루어진 섬 왕국이다.

군 전체가
유네스코 생물권보전지역

한국에서 가장 섬이 많은 기초자치단체. 신안군은 섬 왕국
이다. '천사(1,004)의 섬'이라는 별칭으로 불리기도 하나 이는
정확한 섬 숫자를 나타낸다기보다는 섬의 왕국 신안을 대중
들에게 쉽게 각인시키기 위한 것이다. 실제로는 1,025개의
섬이 신안군의 관할이다.

신안은 갯벌 왕국이기도 하다. 신안의 갯벌은 1,100.86km²
인데 이는 서울시 면적의 1.8배다. 전국 천일염의 70%가 신
안의 갯벌에서 생산된다. 신안 섬들에 산재해 있는 크고 작
은 백사장은 무려 500여 개나 된다. 원형이 잘 보존된 신안
의 자연과 인문 자원 모두가 보물들이다. 그래서 신안은 군

전체가 유네스코 생물권보전지역이다.

2009년 5월 26일 원시림, 산지, 갯벌습지, 생물다양성, 맨손어업, 염전 등과 같이 자연과 공존하는 지역사회의 우수성을 인정받아 신안군의 증도읍과 비금면, 도초면, 흑산면 등 4개 읍면 573.12km²가 '유네스코 생물권보전지역'으로 지정되었고, 2016년 3월 19일에는 신안군 14개 읍면 3,238.74km² 전역으로 확대되었다. 장도 정상부의 산지습지(90,414㎡)는 '람사르습지'로 지정·보호되고 있다. 신안 갯벌은 그 빼어난 보존 가치로 유네스코 세계자연유산 등재를 추진 중이기도 하다.

신안군의 일부 섬들은 1981년 12월 23일 '다도해해상국립공원'으로 지정되었다. 흑산면, 비금면, 도초면, 하의면의 일부가 포함되는데 전체 면적은 522.749km², 해면 면적은 464.821km²다. 홍도는 국립공원인 동시에 섬 전체가 천연기념물 170호다. 그래서 신안군보다 유명한 곳이 홍도다.

신안군 지역 섬들은 동쪽으로 무안군과 목포시, 서쪽으로 황해, 남쪽으로 진도, 완도 등과 북쪽으로 영광군의 낙월도와 인접해 있다. 신안군 최남단은 가거도이고 최북단은 임자도다.

2020년 현재 신안군 1,025개의 섬 중에는 유인도가 74개, 무인도가 951개다. 유인도는 14개의 큰 섬들을 중심으로 압해읍, 지도읍, 흑산면, 장산면, 암태면, 팔금면, 안좌면, 자은면, 하의면, 신의면, 비금면, 도초면, 증도면, 임자면의 행정구역으로 나뉜다.

14개 읍면의 이름은 각각 개별 섬의 이름인데 이 섬들은 주변 섬들을 아우르는 모섬이자 행정 중심지다. 홍도 등 9개 섬에는 읍면의 출장소가 설치되어 행정을 지원하고 있다. 신안군에는 2020년 3월 현재 2만 1,781세대 3만 9,906명의 사람들이 살고 있는데 남성 2만 1,215명, 여성 1만 8,691명이다. 읍면 단위에서는 군청 소재지가 있는 압해읍이 5,944명으로 인구가 가장 많고, 팔금면이 1,004명으로 가장 적다.

7,000년 역사의 신안

신안군 섬들에는 7,000년 전부터 사람들이 살았을 것으로 추정된다. 한국의 신석기시대는 BC 5000년경부터 BC 1000년경까지 약 4,000년간 존속했다고 추정되는데 신안의 임자도, 하태도, 압해도, 흑산도, 가거도, 안좌도 등에서 패총과 고인돌 등 신석기시대 초기부터 청동기시대에 이르는 다양한 유물들이 출토되었다.

신안군 지역 섬들은 상고시대에는 마한에, 삼국시대에는 백제에 속했고, 통일신라시대에는 도강군, 압해군, 안파현 등으로 나눠졌다. 고려시대에는 도강군, 마산현, 압해현 등에, 조선시대에는 나주목, 진도현, 무안현, 압해현 등에 분산 소속돼 있었다.

삼국시대부터 조선시대에 이르는 오랜 역사 속에서 기원을 찾자면 신안군의 모태는 압해도다. 압해도에는 백제시대에 아차산현이, 통일신라 때는 아차산군(압해군)이 있었는데 아차산군은 안파현(현 장산면), 갈도현(현 영광군 군남면), 염해현(현 영광군 백수읍)을 소속 영현으로 거느릴 정도로 세력 판도가 컸다. 바다를 제압한 섬이란 이름처럼 압해도는 서남 해상의 중심지였다. 고려, 조선시대에도 압해현이라는 독자적 행정구역으로 이어졌으니 압해도는 신안군의 모태 섬이라 할만하다. 그래서 현재 신안군청도 압해도에 있다.

근대에 다시 군 단위 행정조직으로 신안군의 모태가 된 곳은 조선시대 말에 잠시 존속했던 지도군(智島郡)이다. 지금의 신안군 지도읍에 지도군청이 있었다. 조선 고종 34년,

1896년 2월 3일 전주부, 나주부, 남원부의 여러 섬을 나누어 지도, 돌산, 완도 3군을 설치하는 포고령이 반포됐는데 이때 지도군을 비롯해 섬만으로 이루어진 3개의 군이 신설됐다. 이것이 지도군, 돌산군, 완도군이다.

그 이전까지 현재 신안군의 여러 섬들은 나주, 무안, 영광, 부안, 만경 등 5개 군에 분산되어 있었다. 5개 군에 속해 있던 섬들을 모아 신설된 행정조직이 바로 지도군이었다. 흥양, 낙안, 순천, 광양 등 4개 군에 속한 섬들을 합하여 돌산군이 신설됐고, 영암, 강진, 해남, 장흥 등 4개 군에 있는 여러 섬들은 완도군이 됐다. 완도군에 속해 있던 비금도와 도초도는 1897년 지도군으로 이관돼 지금은 신안군 소속이다. 섬 지역 3개 군의 신설은 조선 정부의 통치력이 제대로 미치지 않는 섬들에 대한 통치 효율성을 높이기 위한 것이었다.

지도군은 신설 당시 전주부 소속이었는데 23부제에서 13도제로 바뀐 1896년 8월 4일부터는 전라남도 지도군이 됐다. 1914년 4월 1일에는 무안군에 흡수되면서 지도군은 폐지됐다. 이때 고군산군도(선유도 등)는 옥구군에, 위도면과 낙월면의 섬들은 영광군에 이관되었다. 1969년 1월 1일에는 당시 무안군으로 흡수됐던 지도군 섬들이 다시 무안군에서 분리되면서 신안군이 설치됐다. 새로운 무안이라 해서 신안이다. 목포시 또한 무안군 목포리에서 성장해 오늘의 목포가 됐으니 무안, 신안, 목포는 뿌리의 일부를 공유하고 있다.

고대 해상 세력의 근거지

고대부터 신안의 섬들에는 강력한 해상 세력이 존재했다. 그 증거가 신안의 안좌도, 장산도, 신의도 등에 남아 있는 석실고분들이다. 신안 신의도의 상태서리 '상서 고분군'에는 6세기 중후반부터 7세기 전반에 걸쳐 만들어진 백제시대 무덤들이 38기나 분포해 있다. 이들 고분군은 모두 백제의 석실분(石室墳) 형식을 충실히 따르고 있다. 짧은 시기에 그처럼 많은 고분이 만들어진 것은 당시 이 섬에 강력한 해상 세력이 존재했음을 추정케 한다. 상서 고분군은 삼국시대 신의도에 존재하던 해상 세력의 공동묘지인 셈이다.

석실고분들에서는 병 모양 토기와 작은 항아리인 소호, 관의 우물인 관정, 장사 지낼 때 희생 제물로 사용한 소의 이빨 등이 발굴됐다. 고분군 인근에는 무덤을 만들 때 사용한 돌을 캐던 채석장도 남아 있다.

장산도에도 백제의 석실고분이 존재한다. 장산중학교 뒷

장산도 석실고분 장산도 도창리 백제식 석실고분은 해상 세력이 주둔한 흔적을 보여준다.

쪽 배미산 자락에 위치한 석실분은 6세기 중엽 이후에 전
남 지역에 보급된 백제 석실분의 형식이다. 석실분은 직경
20m 내외의 봉분으로 덮여 있고 반지하식 석실이 드러나
있다. 석실은 길이 258cm, 너비 178cm, 높이 167cm다. 석
실에서는 인골과 철편, 토기편 등이 출토되었다고 전해지지
만 행방은 알 수 없다. 장산도 고분의 존재를 아는 한국인도
희귀한데 몇 해 전에는 일본인들이 단체로 백제의 고분을
찾아 장산도까지 답사를 오기도 했다.

안좌도 안좌고등학교 뒤편에도 백제시대 석실고분 2기

가 남아 있다. 본래는 3~4기가 있었던 것으로 추정되는데 일제강점기에 도굴되고 파괴되면서 2기만 남게 됐다.

대리마을에도 3기의 석실분이 있다. 이 고분들은 '배널리'라고 부르는 바다와 인접해 있어서 배널리 고분군이라 부른다. 배널리 3호분에서는 5세기경에 제작된 투구와 갑옷, 칼과 창 각 5자루, 화살촉과 옥 수십 점이 출토됐다. 배널리 고분들은 가야계 수혈식 석곽분이다. 갑주와 무기를 무더기로 부장하는 것은 가야의 풍습이다.

이들 석실고분은 안좌도가 고대 해양 교류의 루트였고 섬에 강력한 해상 군사 집단이 주둔했다는 증거다. 배널리 고분군은 토착 해상 세력의 존재와 함께 고구려의 남진정책에 밀리면서 백제가 쇠퇴한 틈을 타고 가야, 신라, 왜가 서남해 섬들과 연안으로 진출했던 흔적으로도 추정된다.

고대부터 신안의 섬들은 장보고의 완도(청해진)가 그랬듯이 해상 세력의 근거지인 동시에 국제 해상 교류의 중간 기착지 역할을 했다. 흑산도는 삼국시대부터 고려시대까지 동아시아 횡단 항로의 중간 기착지이자 해상 교류의 중간 거점이었다. 1123년 중국 송나라 사신단의 일원이었던 서긍의 고려 탐방 정세보고서인 『선화봉사고려도경』에 그 기록이 전한다.

옛날에는 바닷길에서 이곳(흑산)은 사신의 배가 묵었던 곳이어서, 관사가 아직 남아 있다. …… 고려에서는 큰 죄인이지만 죽음을 면한 자들이 대부분은 이곳으로 유배되어 온다.

1999년부터 진행된 목포대 도서문화연구소의 흑산도 진리 읍동마을과 상라산성 일대의 조사 결과 상라산성 터와 무심사 선원 터, 사신들이 머물던 숙소 터가 발굴되면서 서긍의 기록이 사실로 확인됐다.

흑산도의 읍동에서는 사신이나 항해자들의 숙소로 사용되던 관사 터와 절 터, 철마와 주름무늬 병, 무심사 선원이라 새겨진 기와편 등 다수의 유물과 유적이 발굴됐다. 발굴 조사로 고대부터 흑산도 읍동마을에 해양도시가 있었던 것이 밝혀진 것이다.

흑산도 상라봉에서는 외적의 침입을 방어하던 산성과 제를 지내던 제단의 흔적이 발견됐고 상라봉 아래 마을 인근에서는 불교 사찰인 무심사 선원 터가 발굴됐다. 상선의 뱃

사람이나 사신 등 항해자들은 이곳 상라봉 제단과 무심사에서 항해의 안전을 기원하는 제를 올리고 기도를 드렸을 것으로 추정된다.

왕건도 두려워한 섬의 세력

신안의 모태인 압해도(壓海島)는 그 이름처럼 바다를 제패한 섬이었다. 압해도 해상 세력의 수장은 후삼국시대에 고려 왕건과 끝까지 맞섰던 능창 장군이다. 후삼국시대 서남해 해상을 제패했던 능창은 수전에 능해 수달 장군으로도 불렸다.

신라시대 말 동아시아의 해상왕 장보고의 암살 후 해상 세력은 소멸된 듯 보였다. 하지만 50여 년 뒤 능창의 존재가 드러나면서 장보고 암살 후에도 해상 세력이 존재했음이 밝혀졌다. 능창은 서남해 해상 세력들 대부분이 왕건에게 투항할 때 마지막까지 저항했던 해상 세력의 핵심 인물이었다. 『고려사』에는 왕건이 능창과의 정면 대결을 두려워하는 모습이 엿보인다.

압해현 도적의 우두머리 능창은 섬 출신으로 수전에 능하여 수달이라고 불렸다. …… 태조가 말하기를 '능창이 이미 내가 올 것을 알고서 반드시 도적과 함께 변란을 꾀할 것이니 비록 소수라고 하더라도 만약에 힘을 아우르고 세력을 합하여 앞을 막고 뒤를 끊으면 승부를 알 수 없는 노릇이니 헤엄을 잘 치는 자 십여 인으로 하여금 갑옷을 입고 창을 가지고 작은 배로 밤중에 나룻가에 나아가 왕래하며 일을 꾸미는 자를 사로잡아서 그 꾀하는 일을 막아야 될 것'이라고 지시했다.

장수들은 왕건의 명령을 따랐다. 밤중에 섬 사이를 지나는 조그마한 배가 있어 이를 잡아보니 그 안에 바로 능창이 있었다. 결국 왕건도 정면 승부를 피하고 간계를 써서 능창을 포로로 잡았던 것이다. 그만큼 압해도를 근거지로 한 능창의 해상 세력이 막강했다는 증거다.

세계 최강 몽골군과 맞서 이긴 섬사람들

고려시대 세계 최강 몽골군과 맞서서 물리친 이들이 신안 섬사람들이다. 이는 『고려사절요』에 기록으로 남아 있다.

낭장 윤춘이 몽골군으로부터 돌아왔다. 윤춘이 몽골에

들어간 지가 몇 해가 되었는데 이때 도망하여 와서 말하기를 "차라대가 일찍이 수군 70척을 거느려 깃발을 늘어세우고 압해를 치는데 저와 한 관인을 시켜 배를 타고 싸움을 독려하였습니다. 압해 사람들이 대포 2개를 큰 배에 장치하고 기다리니 양편 군사가 서로 버티고 싸우지 않았습니다. 차라대가 언덕에 임하여 바라보고 저를 불러 말하기를 '우리 배가 대포를 맞으면 반드시 가루가 될 것이니 당할 수 없다' 하고 다시 배를 옮겨 치게 하였으나 압해인들이 곳곳에 대포를 배치하였기 때문에 몽골인들이 드디어 수공(水攻)의 장비를 파하였습니다."

몽골의 고려 침략에 맞서 고려 정부가 강화도로 들어가자 몽골은 바닷길 봉쇄를 통해 고려를 항복시킬 계획을 세웠다. 강화도로 들어가는 남부지방의 조운선과 무역선의 길목을 차단하면 보급이 끊긴 고려가 자연스럽게 손을 들 것으로 예상한 것이다. 몽골군은 강화도로 가는 보급을 끊기 위해 최적지인 신안의 압해도를 점령해 서남해안의 해상권을 장악하려 했다.

1256년 몽골군은 전함 70여 척을 동원해 압해도를 공격하러 돌진했다. 하지만 몽골군은 압해도에 발도 들여놓지 못했다. 압해도 주민들이 전함에 대포를 설치하고 섬의 입구를 지켰고 압해도 해안 곳곳에도 대포를 설치해놓고 항전을 준비 중이었기 때문이다. 몽골군은 승산이 없음을 깨닫고 제대로 된 전투 한 번 치러보지 못하고 퇴각했다. 압해도 섬사람들이 세계 최강의 몽골군대를 물리치고 섬을 지켜낸 것이다.

공도정책과 신안의 농민운동

조선시대 초기 신안의 섬들은 공도정책으로 오랫동안 비어 있었다. 공도정책은 고려 말 삼별초의 난 진압 이후부터 시작되었다. 삼별초는 강화도에서 반란을 일오킨 뒤 왕실 종친이었던 왕온을 옹립해 왕으로 삼은 후 진도로 이주해 왕궁을 건설하고 10개월 남짓 삼별초 왕국을 건설했다. 삼별초 왕국에 호응해서 안면도부터 진도, 흑산도, 남해도까지 서남해의 수많은 섬들이 반란에 가담했다. 섬에는 삼국시대부터 이어져온 토착 해상 세력들이 있었고 이들이 삼별초와 뜻을 같이 했다. 하지만 결국 여몽연합군에 의해 반란은 진압됐다.

　이후 고려는 진도, 흑산도, 남해도 등의 주민들을 내륙으로 강제 이전시키는 공도정책을 감행했다. 대외적으로는 왜구의 침략으로부터 주민들을 보호한다는 명분이었지만 실상은 섬들에서 다시 반란이 일어날 것을 두려워한 까닭이었다. 왜구와 섬의 해상 세력들이 손을 잡는 것을 차단하기 위한 목적이었던 것이다.

조선시대에는 이들 섬들뿐만 아니라 동서남해 대부분의 섬에서 거주를 금하는 공도정책을 시행했다. 섬에 들어가 사는 이들은 반역의 죄로 다스렸으니, 섬에 사는 사람이 죄인인 시대였다. 이 무렵 신안의 섬들도 사람의 거주가 금지됐다. 신안 섬에 거주가 다시 허락된 것은 임진왜란 무렵이다. 그래서 현재 신안 섬에 거주하는 주민들의 조상은 대부분 3~400년 전에 처음 섬으로 들어왔던 이들이다. 현 주민들 대다수는 삼국시대나 고려시대에 거주했던 신안 섬사람들의 후예가 아니라 조선 중기 이후 입도한 이들의 후손인 것이다. 공도정책이 섬의 역사마저 단절시켰다.

장장 333년간의 투쟁 끝에 빼앗긴 농토를 되찾아 농민운동사에서 불멸의 역사로 기록된 하의3도 농민운동도 공도정책과 맞물려 있다. 하의3도란 지금은 다리로 연결된 하의도와 신의도를 말한다. 신의도는 본래 상태도 하태도 두 개의 섬이었는데 간척으로 하나가 되어 1983년 새로운 하의도 곧 신의도가 됐다.

공도정책으로 비었던 이 섬들의 농토는 임진왜란 이후 들어와 정착한 사람들에 의해 개간되고 간척되어 만들어진 것이다. 임진왜란, 정유재란, 병자호란 등 연이은 전쟁으로 재정이 고갈된 왕실은 세수 확대를 위해 섬 지역의 입도와 개간을 권장했다. 조정은 새로 개간한 땅의 경작권을 개간한 자에게 주기로 약속하고 섬 정착을 독려했다. 하의3도에도 그렇게 사람들이 들어와 황무지를 개간하고 갯벌을 간척해 옥토를 만들었다.

1623년 인조는 주민들과의 약속을 어기고 하의3도의 개간된 땅 24결을 그의 고모였던 정명공주의 혼수품으로 내주고 말았다. 정명공주의 4대 손까지 세미(稅米)를 받도록 했다. 하지만 정명공주가 시집을 간 홍씨 집안에서는 4대가 지나도 여전히 세미를 수탈해갔다.

1729년 땅의 권리를 주민들에게 반환해야 했음에도 불구하고 정명공주의 5대손 홍상한은 주민들이 새로 개간한 땅 140결에 대한 권리까지 주장해 세미를 거두어갔다. 주민들은 홍씨 집안뿐만 아니라 관에도 세금을 내야 했다. 주민들은 양쪽으로 세금을 뜯기니 살아갈 수가 없었다. 불법적인 일토양세(一土兩稅)였다. 주민들은 저항했으나 세도가 집안을 이길 수가 없었다. 그래도 포기하지 않고 싸웠다. 주민들은 진정, 도세 납부 거부, 각종 소송, 농민조합운동 등으로 저항했다. 결국 해방 후인 1950년 2월 13일에 이르러서야 제헌국회의 무상 환원 결의가 이루어졌다. 1956년 땅은 불하 형식으로 하의도 주민들에게 돌아갔다. 무려 333년 만의 승리였다.

암태도 소작쟁의는 일제강점기 식민지 조선의 농민항쟁에 불을 지른 대표적 농민항쟁이었다. 1923년 암태도의 소작농들은 암태소작인회를 조직해 약 1년간 암태도의 지주 문재철과 이를 비호하는 일제에 대항한 항일운동을 벌였다.

암태도의 대지주 문재철은 1910년대에는 지세와 제반 경비를 공동부담으로 하는 반분타조제로 소작료를 징수했는데 1920년대 들어 무려 7할 내지 8할의 소작료를 징수해 갔다. 약탈적 소작료 징수를 참을 수 없었던 암태도 소작인들은 1923년 8월 추수기를 앞두고 소작쟁의를 개시했다.

암태도 오상리 출신 서태석의 주도로 암태소작인회가 조직되었고 문재철에게 소작료를 4할로 인하할 것을 요구했다. 하지만 요구는 거절되었고 소작인들은 추수 거부, 소작료 불납 동맹으로 문재철에 대항했다. 일제 경찰은 농민 대표들을 구속시켰다. 암태도 주민들은 1차로 400명, 2차로 600명이 목포로 나가 목포경찰서 앞에서 단식투쟁으로 저항했다. 암태도 주민들의 목숨을 건 투쟁으로 마침내 소작료는 4할로 내렸고 농민 대표들도 풀려났다. 일제강점기 외딴 섬에서 이루어낸 값진 승리였다.

700년 전 난파선이 발견된 보물섬

신안은 보물선으로 한동안 유명세를 떨쳤다. 증도 앞바다에서 발굴된 난파선 때문이었다. 1975년 증도 검산마을 어부의 그물에 도자기들이 올라왔다. 1976년 1월, 다시 검산마을 어부의 그물에 중국 용천요(龍泉窯)의 청자가 올라왔다. 어부는 문화재 발견을 신고했고 정부는 발굴단을 구성해 1984년까지 11차례의 발굴을 진행했다.

인양 작업 끝에 결국 도자기류 2만 661점, 금속제품 729점, 석제품 43점, 동전 28톤 등 실로 엄청난 양의 해저유물이 발굴됐다. 도자기 중 청자는 9,600여 점이었는데 고려청자도 3점 나왔다. 난파선에서는 나막신, 일본도, 장기, 칠기, 도기 등 일본 생활용품도 발견되었다. 그래서 난파선은 당시 일본을 왕래하던 중국의 무역선으로 추정된다.

그밖에 은병, 접시, 청동 촛대, 향로, 거울, 수저, 냄비, 사발 등 다양한 금속제품이 발굴됐으며 돌로 만든 벼루와 맷돌, 유리제품도 나왔다. 향목이나 가구재로 쓰는 자단목 500여 점과 글씨를 쓴 목간 300여 점, 한약재도 발굴됐다.

난파선은 1323년 전후에 침몰했을 것으로 추정되었고, 난파선에는 '신안선'이란 이름이 붙여졌다. 발견된 화물표와 저울추의 연호와 지명을 바탕으로 신안선이 중국 경원항(지금의 절강성 영파)에서 출발해 일본 교토의 동복사로 항해하던 중 침몰한 것으로 추정되고 있다. 신안선은 중국 복건성의 조선창에서 철저한 고증을 거쳐 당시 기법으로 복원됐고 '700년 전의 약속호'로 명명되었다.

전국 최초 버스공영제

2019년 압해도와 암태도를 연결하는 천사대교 개통으로 신안의 많은 섬들이 육지와 가까워졌지만 신안은 여전히 변방이다. 신안의 대부분의 섬사람들은 아직도 육지인들이 보편적으로 누리는 기본권으로부터 소외되어 있다.

가장 큰 어려움은 의료 혜택 부족과 교통 불편이다. 응급의료시설이 없으니 환자가 때를 놓쳐 피해를 보는 경우도 적지 않다. 섬살이의 아픔이다. 흑산도나 가거도 같이 먼바다 섬들은 1년에 적게는 50일, 많게는 100일 가까이 여객선이 다니지 못해 고립된다. 섬의 비애다.

신안은 섬살이의 어려움을 스스로 극복하는 저력을 보여주고 있다. 신안군은 국내 최초로 버스공영제를 도입한 지자체다. 신안군은 2006년 임자도의 시범적 공영제를 시작으로 2013년 5월 26일부터 완전버스공영제를 시행 중이다. 14개 읍면 본섬 전체와 도로 주행이 가능한 8개의 작은 섬

임자도 선착장에서 승객을 기다리는 공영버스 신안군은 섬에 거주하는 주민들의 어려움을 해소하기 위해 전국 최초로 완전버스공영제를 시행하였다.

에서 50여 대의 공영버스를 운행하고 있다.

육지의 벽촌도 그렇지만 신안 섬에서도 공영제 실시 이전에는 버스 타기가 참 힘들었다. 지원금까지 받으면서도 개인 버스 회사들은 수익성 없는 노선은 버스 운행을 않거나 최소화했기 때문이다. 작은 섬은 대중교통 혜택이 전무했다.

그러나 신안군에서 기존 버스 회사의 면허를 사들였고 승합차를 매입해 버스가 없던 작은 섬에 공영버스로 투입했다. 공영버스제도가 실시되면서 고작 하루 한두 차례 버스가 다니던 마을도 이제는 4~5회씩 다니고, 작은 섬에서는 공영버스가 섬 주민들의 손발 노릇까지 하고 있다. 자식도 못하는 일을 대신해주는 공영버스다.

신안군에서 시작된 버스공영제는 이후 육지의 여러 지자체가 배워가는 혁신정책의 모범이 됐다. 변방이 혁신의 시발지가 될 수 있음을 증명한 것이다. 증도와 자은도 사이 뱃길에는 여객선공영제도 시범 시행 중이다. 중앙정부가 못하는 정책들을 섬들이 선도하고 있는 것이다. 신안 섬에 희망이 깃들어 있는 것은 그 때문이다.

01 암태도

벽화 속 노부부의 동백 파마머리

1만 2,000년 만에 섬은 다시 육지와 하나가 됐다. 2019년 4월 4일 신안의 섬 암태도에서 일어난 경천동지할 사태다. 천사대교의 개통으로 목포에서 28km나 떨어진 섬이 육지와 연결된 것이니 어찌 아니겠는가. 섬이 뭍으로 변하는 것은 좋은 점도 있고 나쁜 점도 있지만 섬사람들에게는 놀랄 만한 사건임이 분명하다.

　한국의 서해는 마지막 빙하기까지 대부분 육지였다. 당연히 현재 서해의 섬들도 육지였다. 대략 1만 2,000년 전부터 빙하가 녹으면서 육지는 바다가 되었다. 그때 물에 잠긴 육지는 바다가 되었고, 수면 위로 남은 육지는 모두 섬이 되었다. 암태도도 그때 육지에서 섬이 되었을 것이다. 그러니

암태도는 천사대교 개통으로 1만 2,000년 만에 다시 육지로
편입된 셈이다.

유쾌함을 선물하는 동백 파마 벽화

천사대교가 개통되면서 암태도에도 새로운 명소들이 생겼
다. '동백 파마 벽화'도 그중 하나다. 통영의 동피랑 벽화마
을이 유명세를 탄 뒤 전국 곳곳에 우후죽순처럼 생겨난 벽
화마을들은 예산만 낭비하고 마는 경우가 많았다. 그래서
특색도 없고 맥락도 없이 그려진 벽화들을 보면 거부감이
들기도 한다. 그런데 이 벽화는 보자마자 반하고 말았다. 이
정도로 창의적이고 즐거움을 주는 벽화라면 몇 개가 더 생
긴들 반갑지 않겠는가?

동백 파마 벽화는 기동 삼거리 손석심 할머니와 문병일
할아버지 댁 담장에 있다. 단순한 벽화가 아니라 설치미술
작품이다. 파마를 한 듯한 머리 부분은 그림이 아니라 진짜
애기동백나무다. 얼굴 부분만 벽에 그려진 그림이다. 꽃이
피는 시절이면 영락없이 '동백꽃 파마'다. 외국의 거리예술
(Street Art)에서 자주 사용되는 방식이지만 우리 섬에서 보니
새롭다. 유쾌함을 선물해주는 벽화, 아름답지 않은가?

동백 파마 벽화 동백 파마머리를 한 노부부가 활짝 웃고 있는 모습은 그냥 보고만 있어
도 웃음이 난다.

그림과 실제 동백나무를 결합해서 완성한 이 특별한 벽화는 신안군의 요청으로 화가들이 협업해 완성한 것이다. 벽화의 주인공이 집주인 부부인 것은 박우량 신안군수의 아이디어였다. 신안군 공무원이 애니메이션 주인공을 벽화로 그리자고 제안하자 박 군수가 집주인 할머니를 그려 넣자고 역제안해서 제작됐다고 한다.

하지만 막상 벽화 작업이 시작되고 담장에 대문짝만 한 할머니 얼굴이 그려지자 손 할머니는 '남사스럽다'며 지우고 싶어 했다. 하지만 동백나무를 머리로 한 벽화는 끝내 완성됐고 주변의 반응이 좋았다.

그러자 이번에는 남편인 문 할아버지가 박 군수에게 직접 전화를 걸어 자신의 얼굴도 그려달라고 했다. 군수는 그러자 했다. 하지만 문제가 있었다. 할머니 파마머리와 비슷한 크기의 애기동백을 구하기가 만만치 않았다. 결국 제주도까지 가서 동백을 구해 왔다. 우여곡절 끝에 완성된 벽화는 천사대교 개통과 함께 암태도 최고의 뷰포인트가 되었다.

벽화 하나가 섬마을을 환하게 만들었으니 이것이 예술의 힘이다. 벽화 건너편의 운동기구들이 설치된 체육공원에는 서재봉, 서명균 두 어르신이 나란히 앉아 봄날의 햇볕을

즐기고 있다. 다리가 놓이고 사람들이 많이 찾아오느냐고
물으니 돌아오는 대답. "한동안 사정없이 많이 다녀부렀어
요." "저 동백나무 벽화도 사진 찍으러 많이 오죠?" "거그도
아주 사정없이 와부러요." 벽화 주인 부부는 밭에 일하러 나
가신 참이라 만날 수 없었다.

들불처럼 일어난 암태도 소작쟁의

암태도는 일제강점기의 대표적인 농민항쟁인 '암태도 소작
쟁의'로 유명한 섬이다. "6·25 때 목포경찰서에서 암태도를
모스크바라 불렀어요." 어르신 말씀에 귀가 번쩍 뜨였다. 일
제강점기 때 소안도가 '남해의 모스크바'로 불렸던 것은 익
히 알고 있었는데 암태도 또한 '모스크바'로 불린 것은 처음
알았다. 서태석 선생 등 사회주의 계열의 지도자가 소작인
항쟁을 주도했던 까닭이다.

"일제 때 세무서 직원들이 밀주 단속 나왔다가 뚜드려 맞
고 간 동네요. 여기가." 그만큼 센 동네였다는 말씀. "면민
축구대회 같은 데서 기동리하고 붙으면 다들 벌벌 떨었어."
서명균 어르신도 거드신다. "다른 데 사람들보다 나았어요.
아는 것도 많고 경우 바르고." 어르신들의 마을에 대한 자긍

심이 남다르다.

암태도는 일제강점기 무안군에 속했다. 무안에서 신안군이 분리된 것은 1969년이다. "서태석 씨 집안이 무안군을 들었다 놨다 했지. 서태석 씨가 모스크바에서 대학 나왔어. 면에서는 유명해."

암태도의 면적은 36.26km²로 여의도의 열두 배 정도다. 암태도의 전답은 11.74km²나 된다. 여의도의 4배쯤 되는 땅이 암태도의 논과 밭이다. 예나 지금이나 섬이지만 농사가 주업이다.

암태도 소작쟁의는 1923년 암태도의 소작농들이 암태소작인회를 조직해 약 1년간 암태도의 지주 문재철과 이를 비호하는 일제에 저항한 항일운동이다.

암태도의 대지주 문재철은 1910년대에는 지세와 제반 경비를 공동부담으로 하

암태도 소작인 항쟁 기념탑 암태도 농부들이 목숨을 걸고 일어났던 소작쟁의는 일제강점기 소작쟁의 운동의 도화선 역할을 하였다.

는 반분타조제로 소작료를 징수했는데 1920년대 들어 무려 7할 내지 8할의 소작료를 징수해 갔다. 약탈적 소작료 징수를 참을 수 없었던 암태도 소작인들은 1923년 8월 추수기를 앞두고 소작쟁의를 개시했다. 암태도 오상리 출신 서태석의 주도로 암태소작인회가 조직되었고 문재철에게 소작료를 4할로 인하할 것을 요구했다.

요구는 거절되었고 소작인들은 추수 거부와 소작료 불납 동맹으로 문재철에 대항했다. 일본 경찰은 농민 대표들을 구속시켰다. 암태도 주민들도 가만히 있지 않았다. 1차로 400명, 2차로 600명이 목포로 나가 목포경찰서 앞에서 단식 투쟁으로 저항했다. 언론에서는 아사동맹이라 보도했다. 암태도 주민들의 투쟁은 수많은 언론에 보도됐고 한반도는 물론 해외에서까지 응원이 답지했다.

암태도 주민들의 목숨을 건 투쟁으로 마침내 소작료는 4할로 내렸고 농민 대표들도 풀려났다. 일제강점기 외딴 섬에서 이루어낸 항일운동의 값진 승리였다. 하지만 1998년이 돼서야 면소재지인 단고리에 '암태도 소작인 항쟁 기념탑'이 세워졌다.

암태도 소작쟁의를 촉발시킨 대지주 문재철은 암태도 수

곡리 출신으로 일제의 식민수탈정책에 편승해 토지 소유를 확대한 전형적인 친일 지주였다. 그는 1920년대 당시 암태도와 자은도 등의 도서 지역과 전라남북도 등지에 755정보(226만 5,000평)의 토지를 소유한 대지주였다. 암태도에는 약 140정보(42만 평)의 농지를 소유하고 있었다. 1940년 문재철이 소유한 토지는 무려 1666정보(500만 평)로 늘어났다. 1941년에는 목포에 문태중학교를 설립했고 1941년 이후 일제의 침략전쟁을 적극 응원하던 친일 단체인 흥아보국단 및 조선임전보국단에 참여했던 기록이 남아 있다.

문재철은 1993년 국민훈장 동백장을 추서받았다. 친일 지주였던 문재철은 소작쟁의 후 농민 대표 박복영을 통해 상해임시정부에 자금을 조달한 것으로도 알려져 그에 대한 평가는 간단치 않은 측면이 있다. 그래서 문재철은 2009년 민족문제연구소의 『친일인명사전』 수록 예정자 명단 중 지역유력자 분야에 등재되었지만, 실제 『친일인명사전』에서는 빠졌다. 자본가로서 민족을 위한 교육사업, 상해임시정부의 자금조달과 같은 공로를 세운 점을 인정받아 친일 명단에서 제외된 것이다.

암태도의 평범한 영웅들

일제강점기뿐일까? 그 옛날부터 암태도 사람들은 참 대단했다. 친일 지주와 일제 경찰에 맞서 싸우던 기개가 그냥 나온 것이 아니다. 『조선왕조실록』 중 태종실록에서 다음과 같은 이야기를 찾을 수 있다.

왜선 9척이 연일 암태도를 도둑질하니, 염간 김나진과 갈금 등이 쳐서 쫓아버렸다. 나진 등 20여 인이 혈전을 벌여 적의 머리 3급을 베고, 잡혀갔던 사람 2명을 빼앗으니, 적이 곧 물러갔다.

조선 태종8년(1408년)에 불과 20여 명의 암태도 염간들이 노략질을 하러 온 왜선 9척과 맞서 싸워 물리쳤다는 것이다. 염간은 소금막에서 자염을 만들던 염부들이었다. 이들이 진짜 영웅들이 아닌가. 게다가 불과 20여 명으로 9척이나 되는 왜구들과 맞서 싸워 승리하다니. 신안군에서 아니 정부에서 이들을 기리는 기념비라도 세워야 마땅하지 않을까?

소작쟁의의 핵심적인 인물은 암태도 출신의 서태석과 박

복영이었다. 서태석은 1913년부터 7년간이나 암태 면장을 지냈다. 서태석은 3·1운동을 계기로 민족의식을 자각하고 독립운동가의 길을 걷기 시작했다. 그는 3·1운동 1주기에 유인물을 배포하다 1년간 수감생활을 했고 신간회사건 관련자로 수차례 옥고를 치렀다. 이후 군자금 확보를 위해서 국내외에서 활동했다.

서태석은 1922년 블라디보스토크에서 사회주의 사상을 접하고 고향으로 돌아와 1923년에는 암태소작인회를 결성해 소작쟁의를 주도했다. 러시아에 다녀온 것이 고향에서는 "모스크바에서 대학을 졸업했다"고 와전된 듯하다. 그는 1924년 9월 암태도 소작쟁의 배후 조종자로 검거되어 징역 2년을 선고받았다. 1928년 4월에는 다시 보안법 위반으로 체포돼 징역 3년을 선고받았다.

서태석의 말년은 불행했다. 수차례 투옥되며 받은 고문 후유증으로 정신분열증을 앓은 것이다. 해방된 조국에서 서태석은 거리를 전전하다 1958년 압해도의 어느 논에서 벼 포기를 움켜쥐고 죽음을 맞이했다.

사회주의 사상을 가졌다는 이유로 해방 후에도 서태석은 금기의 대상이었다. 일가친척은 감시와 탄압을 받으며 고난의 세월을 살았다. 친일파의 나라가 만든 비극이었다. 2003년에야 비로소 서태석에게 건국훈장 애국장이 추서되었다. 서태석의 며느리는 1929년 11월 3일에 일어났던 광주학생의거의 주역 박기옥이었다.

소작쟁의의 또 다른 주도자인 암태도 단고리 출신의 박복영은 1919년 목포지역 3·1운동으로 목포형무소에서, 1920년에는 상해로 망명 중 체포되어 신의주형무소에서 옥고를 치렀다. 1923년에는 임시정부의 비밀문서를 가지고 들어오다 체포돼 또 옥살이를 했다.

박복영은 암태도에 돌아온 뒤 1923년 암태청년회 회장을, 1924년에는 암태도 소작쟁의 주동자들이 투옥당하자 소작인회 회장을 맡아 활동했다. 1926년 자은도 소작쟁의도 도왔다. 이후 동아일보 목포 지국장을 역임했고, 해방 후에는 무안군 건국준비위원장으로도 활동했다. 1977년 대통령표창이 추서됐고, 1990년에야 비로소 독립유공자로 인정받았다.

항쟁의 역사가 깃든 암태도는 자은도, 팔금도, 안좌도로 가는 길목이기도 하니 여러 섬들을 함께 묶어서 답사해보는 것도 섬을 깊이 들여다볼 수 있는 기회가 될 것이다.

02 자은도
걷기 좋은 섬길에서 만나는 여인송

자은도 분계리 양파밭에는 겉은 멀쩡해 보이는데 거두지 않고 버려진 양파들이 많다. 왜일까? 궁금증이 일어 길 가던 마을 노인에게 물으니 돌아오는 대답.

"양파 수놈은 가운데 심이 박혀 있고 누린내가 나서 먹기가 힘들어요."

그래서 버려진 수컷들이다. 양파에도 암수가 있다는 사실을 처음 알았다. 다 같이 꼿꼿이 서 있다가도 수확할 때가 되면 암양파는 흙 위로 튀어 올라와 알아서 자빠진다. 눈치 없는 숫양파는 그대로 고개를 뻣뻣이 쳐들고 서 있다.

농부들은 알아서 넘어진 암양파들만 수확하고 건방지게 서 있는 숫양파들은 버린다. 숫양파에는 심이 들어 있어 상품가치가 떨어지기 때문이다. 실속 없이 '헛심'만 들어 있는 숫양파. 추수철이 끝나면 쓸모없이 버려지는 수컷의 비애.

모래땅에 짓는 대파 농사

자은도는 면적이 52.79km²로 신안군의 면 단위 섬들 중에서 가장 크다. 1970년대에는 인구가 2만 명이 넘었던 때도 있지만 지금은 2,373명이 살아간다. 신안의 많은 섬들이 그렇듯이 자은도 주민들은 주로 양파와 대파, 마늘 등을 재배해 생계를 꾸린다. 그중에서도 가장 큰 소득원은 대파다.

자은도의 대파밭은 3.97km², 무려 120만 평이다. 양파밭이 1.6km², 마늘밭은 1.53km² 정도다. 땅콩밭도 0.31km²나 된다. 대파 농경지는 모래땅이 많은 자은도 서부 지역에 몰려 있다. 모래땅이 겨울 대파 농사에 유리하기 때문이다.

모래땅에 양분이 많아서 유리한 것은 아니다. 자은도를 비롯한 남쪽 섬 지역의 대파 가격 결정권자는 상인이 아니다. 날씨다. 겨울이 추우면 대파 소득이 높아지고 따뜻하면 값이 떨어진다. 날씨가 따뜻하면 어떤 땅이든 대파를 수확할 수 있다. 하지만 땅이 얼 정도로 추위가 계속되면 흙땅의

자은도 대파밭 추운 겨울에도 얼지 않는 모래땅에서 키우는 대파는 자은도 주민들의 주
요 수입원이다.

대파는 수확하지 못한다. '대가리'가 끊어지기 때문이다. 하
지만 혹독한 추위에도 모래땅은 얼지 않는다. 그래서 대파
수확이 가능하다. 다른 땅에서 대파가 수확되지 않으니 모래
땅에서 생산되는 대파 가격이 높아지는 것은 자명하다. 그래
서 섬 지역의 대파 농가들은 겨울이 춥기만을 고대한다.

명나라 장수 두사충과 자은도의 인연

사랑과 은혜의 섬 자은도(慈恩島). 이보다 아름다운 이름을
가진 섬이 또 있을까? 자은도의 이름은 두사충이란 인물이

지었다고 전해진다. 두사충은 임진왜란 때 이여송 장군과 함께 참전했던 중국인인데 반역자로 몰려 자은도로 피신하게 됐다. 그때 자신을 잘 보살펴준 섬 주민들의 은혜에 감격하여 섬의 이름을 자은도로 지어줬다는 이야기가 전해진다.

두사춘으로도 불리는 두사충은 실존 인물이다. 물론 자은도에 전해지는 이야기 속 두사충과 동일 인물인지는 알 수 없다. 임진왜란 시기 명나라에서 조선으로 건너왔다는 점에서는 같은 인물일 가능성이 크다.

실존 인물 두사충은 명나라 장수였다. 명나라에서 상서 벼슬을 지내다가 1592년(선조 25년) 이여송과 이여송의 사위였던 진린 장군과 함께 임진왜란에 참전해 왜군을 격퇴하는 공을 세웠다. 하지만 그는 명나라가 망할 것을 예견하고 조선에 귀화해 대구에 정착한 뒤 두릉 두씨의 시조가 됐다.

실제로 두사충이 자은도로 피신을 왔는지 여부는 알 수 없다. 자은도 전설의 두사충과 동일 인물이라면 그는 어떻게 자은도와 인연이 됐을까.

우연히 박종인의 『땅의 역사』를 읽다가 그 실마리를 찾았다. 경기도 양평에 있는 한음 이덕형의 묏자리를 두사충이 점지했다는 대목이었다. 한음은 선조와 광해군 시대에 두

번이나 영의정에 올랐을 정도로 유력한 정치가였다. 명나라로 가서 명의 군대를 구원군으로 불러온 것도 한음이었다. 광해군 시절 한음은 당쟁에 휘말려 관직을 박탈당한 뒤 양평으로 낙향했다가 한 달 뒤에 죽었다. 이때 양평 목왕리에 그의 묏자리를 잡아준 이가 명나라 지관이었던 두사충이었다고 전한다.

역사 속 장군 두사충은 양평에서는 명군을 따라온 지관으로 등장한다. 그의 신분이 무엇이든 그가 명에 원병을 청하러 갔던 한음과 인연이 있으리란 것은 충분히 추론 가능하다. 그렇다면 두사충이 명나라 출신으로 조선에 귀화한 장군이고 지관으로서의 능력도 있었던 까닭에 친분이 있던 한음의 묏자리를 잡아줬을 수도 있다. 묏자리를 잡아준 까닭에 양평에서는 지관으로만 알려진 것이다.

하지만 자은도의 이름을 두사충이 지어줬다는 이야기는 또 다르다. 고려시대부터 이미 자은도란 이름이 있었기 때문이다.『고려사』의 공민왕 22년(1373년) 11월 5일 기록에는 "명에 보낸 사신들의 배가 파선해 주영찬 등이 자은도 앞바다에서 모두 익사했다"고 적혀 있다.

『조선왕조실록』세종실록 74권에도 자은도가 등장한다.

"자은도 목장은 다경포 만호가 겸하게 하고 감목관은 혁파하게 했다." 무안의 다경포에 있던 만호가 인근 섬 자은도의 감목관까지 겸직하도록 했다는 이야기다.

그래서 두사충이 자은도라는 이름을 지었다는 이야기는 근거가 없다. 그럼에도 두사충이 지관으로도 살았다면 임란 중이든 후든 조선의 땅을 떠돌며 자은도에도 들렀을 가능성은 충분하다. 두사충은 고운 최치원의 전설처럼 이 땅 곳곳에 수두룩하게 전하는 이름이 아니기 때문이다. 굳이 양평과 자은도에만 두사충의 이름이 전하는 것은 그 땅과 인연이 있었기 때문이리라. 두사충, 그는 대체 어떤 인연의 끈으로 머나먼 남방의 섬까지 흘러왔던 것일까.

용의 전설이 깃든 호수

분계리 가는 길목인 백산마을 북쪽에는 섬 지방에서 좀처럼 보기 힘든 제법 큰 규모의 자연호가 있다. 섬 지역 호수는 대부분 농사를 위해 만든 인공 저수지나 방죽이지만, 이 호수는 1만 평이나 되는 자연호다.

자은도에서는 이곳을 용소라 부른다. 용이 만든 호수라는 전설이 깃들어 있기 때문이다. 오랜 옛날 승천을 앞둔 용한 쌍이 이곳에 살고 있었다. 그런데 인근 바다에서 바람에 날아온 모래들이 쌓이면서 점차 소가 좁아졌다. 암용은 숫용에게 다른 장소로 옮기자고 사정했지만 숫용은 거절했다. 곧 승천할 텐데 번거롭게 옮길 이유가 없다고 생각했기 때문이다. 기분이 상한 암용은 근처의 비수 용소로 날아가 버렸다. 드디어 승천하는 날 숫용은 암용을 부르며 거세게 꼬리질을 했다. 그 과정에서 수맥이 뚫려 많은 물이 솟아났고 지금의 크나큰 소가 만들어졌다.

아무리 가물어도 이 용소는 마른 적이 없다고 한다. 논밭에 물을 대기 위해 양수기로 물을 퍼내도 바닥이 드러날 만하면 꼭 비가 와서 가뭄이 해갈되곤 했다. 섬사람들은 승천한 용이 자기가 만든 용소에 물이 마르지 않게 비를 내려주는 것이라고 믿어왔다. 지금도 용소는 대파 농사의 급수원으로 활용되고 있다.

민중신학의 개척자, 서남동

자은도는 한국 민중신학의 개척자 서남동 목사의 고향이기도 하다. 장로교 목사였던 서남동은 1957년 캐나다 임마누엘신학대학원 졸업 후 1961년 연세대 교수로 부임한 뒤

1970년대에 신학자들과 '한국그리스도인선언'을 발표하며 적극적으로 반독재투쟁 대열에 앞장섰다. 1975년 6월 유신독재 하에서 이른바 학원사태로 해직되었고, 이듬해 3·1 민주구국선언을 주도하며 김대중, 함석헌 등과 함께 긴급조치 제9호 위반으로 구속되었다.

이 과정에서 안병무, 서광선, 주재용 등과 '민중신학'을 탄생시켰다. 민중신학은 제3세계 신학의 모델이 됐다. 그는 『전환시대의 신학』, 『민중과 한국신학』, 『민중신학의 탐구』 등의 저서를 남겼다. 자은도에 그를 기리는 비석 하나 없다는 점이 아쉽다.

걷기 좋은 섬길과 비극적 사연의 소나무

새천년대교가 개통된 뒤 이웃 섬 암태도, 팔금도, 안좌도와 함께 자은도 또한 뭍으로 편입돼 자은도로 가는 길이 한결 쉬워졌다. 자은도에도 걷기 좋은 섬길이 있다. 자은도 해넘이길이 그것이다. 해수부가 전국 해안에 만든 해안누리길의 일부 구간인데 자은도에는 '해넘이길'이란 이름을 부여했다.

해넘이길은 전체 길이 12km로 송산마을—한운마을—둔장마을—두모마을까지 이어진다. 해넘이길 중에서도 한운

마을 앞에서 둔장마을에 이르는 4.8km의 해안길이 압권이다. 걷는 내내 바다를 볼 수 있어 더없이 행복한 길이다. 자은도에 가는 여행자들에게 꼭 한번 걸어보라고 권유하는 길이기도 하다. 한운리 갯벌에서는 지주식 김양식장의 모습을, 둔장해변에서는 원시 어로인 독살의 모습을 관찰할 수 있다.

연도교로 연결된 주변 섬들 중 자은도에만 유달리 모래해변이 많다. 무려 9개나 된다. 사람들은 백길해변이나 둔장해변을 많이 찾는 편이지만 나는 분계해변에 애착이 간다. 여인송이란 소나무 때문이다.

분계해변은 무성한 해송숲이 방풍림을 이루고 있다. 소나무들은 거친 바닷바람을 막아주는 분계마을의 수호신이다. 이 솔숲에서 가장 아름다운 소나무가 바로 여인송이다. 여인의 자태를 그대로 빼닮았다 해서 여인송이다. 이토록 미려한 소나무에 깃든 사연은 비극적이다.

옛날 분계마을에 어부 부부가 살고 있었다. 부부는 더없이 금슬이 좋았다. 어느 날 부부 사이에 작은 말다툼이 벌어졌다. 남편은 홧김에 배를 타고 떠나버렸다. 남편은 집에 있으면 더 큰 싸움이 벌어질 것을 염려해 화를 풀려고 바다에

나간 것이었다.

그 속을 알 길 없는 아내는 남편을 원망했지만 여러 날이 지나도 남편이 돌아오지 않자 걱정이 되기 시작했다. 풍랑을 만나 배가 뒤집히기라도 한 것은 아닐까. 아내는 화를 참지 못하고 부부싸움을 한 것을 뼈저리게 후회했다. 그래서 날마다 분계해변 솔숲에 올라가 남편이 돌아오기를 애타게 기다렸다. 하지만 한 달이 가고 두 달이 가도 남편은 돌아올 줄 몰랐다.

어느 날부턴가 아내는 꿈을 꾸었다. 꿈 속에서 아내가 소나무에 거꾸로 매달려 바다를 바라보자 남편이 탄 배가 돌아오고 있었다. 그 다음 날부터 아내는 솔숲의 가장 큰 소나무에 거꾸로 매달려 남편을 기다리기 시작했다. 소나무에 거꾸로 매달

분계리 여인송 여인송에 얽힌 슬픈 전설은 바다에서 목숨을 걸고 일해야 하는 섬사람들의 애환을 담고 있다.

리면 남편의 배가 귀항하는 것이 보였다. 아내는 점차 미쳐 가고 있었다. 어느 겨울날, 아내는 소나무에 거꾸로 매달려 남편이 돌아오는 것을 보고 기뻐하다 그대로 떨어져 죽고 말았다.

얼마 후 남편이 무사히 분계마을로 돌아왔다. 남편은 뒤늦은 후회를 하면서 아내를 그 소나무 아래 묻어주었다. 아내를 묻고 난 뒤 소나무는 점차 거꾸로 선 여인의 형상으로 변하기 시작했다. 어부의 아내가 묻힌 소나무가 바로 여인송이다.

소나무는 어부 아내의 환생으로 믿어지고 있다. 오늘도 여인송의 자태에서는 그리움이 가득 묻어난다. 생의 터전인 동시에 생의 무덤이 되기도 하는 바다. 언제나 생사를 넘나드는 삶을 살아야 했던 섬사람들의 애환이 깃든 소나무. 나도 누군가를 죽도록 그리워하던 때가 있었겠지. 그저 전생처럼 아득하다.

03 안좌도

한국 현대미술의 거장 김환기 화백의 생가

'한국 화가 중 가장 그림값이 비싼 화가'로 꼽히는 수화 김환기 화백. 그가 태어나 자란 곳은 섬이었다. 신안의 섬 안좌도. 그래서 안좌도 읍동마을에는 그가 살던 집이 국가민속문화재 제251호로 지정되어 보존되고 있다. 소유자는 신안군이다.

김환기 생가는 오랫동안 적막했다. 건물 하나만 덜렁 남아 있는 데다 접근이 쉽지 않았던 까닭이다. 그런데 천사대교로 섬이 육지와 연결된 뒤부터 관람객들이 쏟아져 들어오고 있다. 3~400명이 찾아오는 날도 있다. 전문해설사까지 상주하며 관람객들을 안내하고 있다. 놀라운 변화다.

김환기 그림이 없는 김환기 생가

안타깝게도 생가에는 김환기의 그림이 걸려 있지 않다. 저작권 때문이다. 김환기 생가 앞에는 신안군에서 설치한 딱한 점의 복사본만이 걸려 있는데 대중들에게는 잘 알려지지 않은 「요코하마 풍경」이란 작품이다. 아직 정식 등재된 작품은 아니지만 그나마 이 그림이라도 있는 것은 김화백이 결혼하기 전 고향에서 작품 활동을 할 때 사촌 동생에게 10여 점의 그림을 선물했기 때문이라고 한다.

사촌 동생이 받은 작품들은 후일 안좌국민학교에 기증됐다가 다시 신안군에 기증됐다는데 지금은 그 행방이 묘연하다. 사촌 동생인 김문기 씨가 안좌면장을 하던 시절 고향을 위해 그림을 기증받아 보려고 백방으로 노력했으나 성과를 얻지 못했다. 신안군에서도 김 화백의 고향인 안좌도에 김환기미술관을 세우려 했으나 이 또한 무산됐다. 김환기미술관이란 이름의 사용 허락을 받지 못했기 때문이다.

예술가에게 고향이 어떤 곳인가. 그가 살아 있었다면 그의 고향이 그토록 천대받도록 했을까. 고향을 떠나면서 소작농들에게 자신 소유의 논밭 모두를 무상분배해주었던 수화가 아닌가! 저작권이나 상표권도 소중한 것이니 누구를

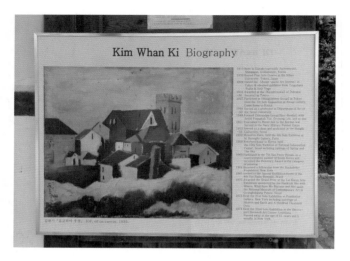

김환기의 「요코하마 풍경」 김환기 생가에서 만날 수 있는 그의 작품은 이 복사본뿐이다.
이 작품은 김환기가 사촌 동생에게 선물했던 것이라고 한다.

탓하자는 뜻은 아니다. 외방을 떠돌던 수화가 내내 그리워
했을 고향 섬을 생각하니 그저 안타까울 뿐이다.

수화는 평생 자신이 섬사람임을 잊지 않고 살았다. 그에
얽힌 일화가 있다. 수화는 키가 컸고 목이 길었는데 누군가
수화에게 당신은 왜 그렇게 목이 기냐고 물었다. 수화가 답
했다. "나는 섬사람이라 육지가 그리워서 목을 뺏더니 그만
길어지고 말았소." 섬사람이 아니라면 이해하기 힘든 페이
소스가 느껴지는 농담이다.

그의 슬픔, 그의 고독, 그의 작품, 그 기저에는 섬이 가진 숙명적 고립감이 깔려 있었을 것이다. 그의 고향 섬에 김환기란 이름을 가진 미술관이 꼭 생기길 소망한다. 수화의 뜻도 다르지 않을 것이다.

수화는 서구 모더니즘을 한국화했다는 상찬을 받는 한국 현대미술의 거장이자 세계적 화가다. 그는 초기 추상미술의 선구자였고, 프랑스와 미국에서 활동하는 동안 한국미술의 국제화를 이끌었으며, 절제된 조형성과 한국적 시 정신을 바탕으로 한국 회화의 정체성을 확립했다고 평가받는다.

대지주 집안의 외동아들

수화는 1913년 안좌도(당시에는 기좌도) 읍동에서 태어났다. 1남 4녀 중 유일한 아들이라 집안 어른들의 지극한 사랑을 받았다. 수화는 유년기를 섬에서 보내고 중학교 때 경성으로 유학을 갔다. 하지만 곧 중퇴하고 일본으로 유학을 떠나 그림을 공부한 뒤 1937년 귀국했다.

그의 대표작 중 하나로 꼽히는 추상화 「어디서 무엇이 되어 다시 만나랴」의 제목은 그의 친구였던 시인 김광섭의 시 「저녁에」의 마지막 구절에서 따온 것이다. 이 작품은 1970년

제1회 한국미술대상전의 대상 수상작이기도 하다.

수화는 뉴욕에 살 때 밤이 되면 하늘을 바라보며 수많은 인연들을 하나하나의 점으로 새겨 넣어 그림을 완성했다고 한다. 수화가 찍은 점은 하늘의 별인 동시에 바다에 점점이 떠 있는 섬들처럼 느껴지기도 한다. 모든 섬들은 제각기 하나의 행성이 아니던가. 1974년 7월 수화는 뉴욕에서 뇌출혈로 쓰러져 끝내 깨어나지 못하고 지구 행성을 떠났다.

지금 안좌도에는 수화의 생가 한 채만 덩그러니 남아 있지만 원래는 마당과 공원 자리에도 행랑채들이 뚤래뚤래 둘러앉아 있었다. 생가에 바로 인접한 오른편 집도 김 화백의 사랑채였다. 그 집에는 수화가 그림을 그리던 작업실도 있었다. 생가 위편 언덕에도 집이 또 한 채 있었는데 그 집은 수화 가문이 세운 서당이었다.

지금 남아 있는 생가는 안채와 내사랑(안채에 붙은 사랑방), 부엌, 마루(팡)로 되어 있고 오른쪽 안채 끝에는 나락을 보관하던 뒤주도 한 칸 있다. 뒤주가 방 한 칸만 했다는 것은 그만큼 쌀이 풍부한 지주 집이었다는 증거다.

안좌도에서 '마래'라 부르는 마루는 수납 창고인 동시에 집의 수호신을 모시는 신령한 공간이었다. 성주독이 이 마루에 있었다. 성주독은 보리나 쌀을 넣은 독인데 그 독이 바로 집안을 수호하는 성주신의 거처였다. 곡식이야말로 진정한 신이 아닌가.

안좌도는 48.30km²의 땅에 2,733명이 사는 제법 규모가 큰 섬인데 본래 하나의 섬이 아니었다. 안창도의 남강리와 기좌도의 향목마을 사이 바다가 매립되면서 하나의 섬이 됐다. 두 섬의 이름에서 한 글자씩 따와 안좌도라는 새로운 섬으로 재탄생한 것이다. 매립 전에는 두 섬 사이를 나룻배가 다녔는데 양쪽 마을에 주막이 있어서 사람들은 나룻배를 기다리며 막걸리도 한잔씩 할 수 있었다. 모두 꿈같은 시절의 추억이다.

안좌도가 두 개의 섬으로 나뉘어져 있을 때 김 화백의 집은 기좌도였고 대지주 집안이었다. 김 화백이 태어난 집은 생가 바로 앞길 건너에 있는데 지금은 다른 주인이 살고 있다. 남아 있는 생가는 김 화백의 아버지가 새로 건축해서 이사 온 공간이다.

수화는 새로운 공간에서 소년기와 청년기를 보내며 습작을 하고 작품 활동을 했다. 생가 입구 대문 앞에는 고인돌처럼 생긴 큰 바위가 하나 있는데 청년 김환기는 자주 그 바위에 앉아서 바다를 보며 스케치를 했다.

그가 즐겨 찾던 또 다른 장소는 생가 건너편 안산 꼭대기에 있는 부엉이바위였다. 그 바위에 앉으면 다도해 섬들이 한눈에 들어왔다. 오른쪽으로 하의도, 왼쪽으로 해남반도까지 드넓게 펼쳐진 섬과 바다와 남도 산자락들. 그 풍경이 김환기의 예술 세계를 성장시킨 자양분이었다.

1942년 수화는 안좌도를 떠났다. 살던 집은 팔았고 서당은 국민학교 선생들의 사택으로 기증했다. 그 넓은 농토들은 모두 농사를 짓고 있던 소작인들에게 나누어주었다. 참으로 아름다운 일이 아닌가.

여성을 배려한 한옥

수화의 생가는 고전적인 한옥이 아니다. 조선시대 말부터 개량 한옥들이 등장하는데 대표적인 집이 함양군 안의면의 허삼둘가옥(국가 민속문화재 207호)이다. 이 한옥은 1918년 진양 갑부 허씨 문중의 딸 허삼둘이 윤대홍과 결혼하면서 지은 것으로 부엌이 집의 중심이다. 여자들이 살림을 하기 편한 구조로 설계된 것이다.

고전적인 한옥의 구조에서는 부엌 앞에 툇마루가 있고

집의 가장 끝에 부엌이 있었다. 노동량이 많은 데다 부엌을 계속 드나드는 여인들에게 아주 불편한 구조였다. 허삼둘 가옥과 수화의 생가는 설계부터 부엌 앞에 툇마루를 놓지 않았다. 지금이야 별거 아닌 차이로 느껴질 수 있지만 당시로는 혁신적인 변화였다.

과거의 가옥 형태는 여자들이야 불편하든 말든 배려의 대상이 아니었는데 본격적으로 부엌일을 하는 여자들을 배려하는 구조로 바뀐 것이다. 수화의 생가는 안채와 내사랑 사이에 부엌이 들어앉았고 부엌 앞에 툇마루가 없다. 부엌 앞에는 추녀도 길게 빼서 비가 올 때도 여자들이 비를 맞지 않고 부엌을 드나들게 했다. 현대의 입식 부엌만큼이나 혁신적인 설계였다. 김환기 선친의 여자들을 배려하는 안목이 이런 구조를 가능하게 했던 것이다.

부엌 입구는 마치 회랑 같다. 기둥들은 민흘림이다. 민흘림기둥은 기둥머리의 지름이 기둥뿌리의 지름보다 작게 마름된 기둥이다. 구조적 효과보다는 시각적인 효과가 크다. 해인사 응진전이나 화엄사 각황전의 기둥이 민흘림이다. 기둥에 흘림을 주지 않으면 집이 멍청해 보인다. 가느다란 기둥을 쓰고도 집이 기품을 갖춘 것은 흘림 때문이다. 수화 생

김환기 생가 구조와 재료 등을 자세히 살필수록 집주인의 배려와 안목을 느낄 수 있는 한옥이다.

가는 미적 감각이 빼어난 가옥이다.

　수화 생가를 지은 목재는 백두산에서 운반해왔다. 어찌 그 먼 곳에서 목재를 운반해왔을까 감탄이 나온다. 남쪽지 방에서는 구하기 어려운 견고한 목재를 쓰기 위해 아낌없이 투자한 것이다. 재력과 안목이 있어서 가능한 투자였다. 금 강송을 쓰기 위해 강원도 쪽이나 경북 봉화의 춘양에서 가 져올 수도 있었지만 당시로는 백두산 목재를 운반하기가 더 쉬웠을 것이다. 육로와 강을 거치고 또 바다를 건너오는 것 보다는 백두산에서 압록강과 서해 뱃길을 이용하는 것이 더 빠르고 손쉬웠기 때문이다.

실제로 김환기 생가는 기둥이나 보가 그다지 크지 않다. 그래서 부잣집 한옥에서 느껴지는 위압감이 없고 소박하다. 목재가 단단하니 굳이 굵은 기둥을 쓰지 않아도 집은 견고하다. 건축에 쓰인 나무는 백두산 소나무(적송)다. 600m 이상 고지에서 자란 적송은 늦게 생장하는 까닭에 단단하고 결이 촘촘하다.

소나무과에는 적송(육송), 흑송(해송, 곰솔), 홍송 등이 있는데 홍송은 잣나무를 이른다. 소나무는 침이 2개라 이엽송, 잣나무는 침이 5개라 오엽송이라 한다. 홍송은 백자목이라고도 하는데 겉은 하얀데 나무의 속이 밝은 빨간색이라 홍송이다. 또 하얀 씨(잣)가 달린 나무라 해서 백자목이라 부른다. 명동성당을 지을 때 백두산 홍송이 사용됐다는 기록이 있다.

최고의 소나무로 꼽히는 금강송은 적송과 흑송의 교잡종이다. 남쪽 지방에서는 결이 1자로 쭉 곧게 뻗은 나무를 찾기 어렵다. 밀림에서 자라야 곧다. 빽빽한 밀림의 나무들은 다른 나무들과 경쟁에서 지지 않기 위해 옆으로 퍼지는 것을 포기하고 위로만 쑥쑥 자란다.

나무를 수종만으로 따지는 것은 큰 의미가 없기도 하다.

같은 수종이라도 어느 지역에서 자라느냐에 따라 강도나 질이 달라지고 서로 교잡하기도 하기 때문이다. 그래서 어떤 지역에서 나온 어떤 나무라 해야 그 가치를 판단할 수 있다. 곧게 뻗은 기둥의 결과 가늘지만 단단한 적송이란 것이 수화 생가의 목재가 백두산 밀림에서 왔다는 증거다.

바람기를 잠재우기 위해 세운 남근석

이 땅 어느 산천을 가도 하나둘씩은 있게 마련이지만 안좌도에는 유난히 성기를 지칭하는 이름의 바위들이 많다. 구대리의 씹바우, 한운리의 보지바우와 좆등, 대리마을의 보지바우와 좆바우 등이 그것이다.

이중 여성 성기 모양의 바위들은 나무를 심어서 가려버렸다. 마을 여자들이 그 바위를 보면 바람이 나거나 오줌소태가 난다고 했다. 반면 남성 성기 모양의 바위는 버젓이 들판 한가운데 세우기도 했다. 음기를 누르기 위해서라는 것이 이유였는데 참으로 특이한 상상력이 아닌가?

남자 성기 모양의 바위를 세운 것은 마을의 남자 원로들이었는데 그들은 정말 남자 성기가 여자들의 음심을 없애준다고 믿었던 것일까? 남근바위는 당제 때 제사상까지 받았다. 여근은 혐오하면서 남근은 숭배했던 것이다. 음기 제거를 명분으로 남근숭배사상을 노골화한 증거다.

대리마을 들녘 한가운데는 두 개의 남근바위가 우뚝 서 있다. 마을 사람들은 보통 좆바우라 부르는데 이 명칭이 거북하다고 여긴 이들은 망주석이라 부르기도 한다. 남근석을 문필봉이라 불렀던 것과 같은 맥락이다.

대리마을 남근바위는 마을 동북쪽에 있는 후동산 정상부의 여근바위 때문에 세워졌다. 10m나 되는 거대한 바위인

대리마을 남근석 들녘 한복판을 지키고 서 있는 남근석은 후동산 여근바위의 음기를 누르기 위해 세워진 것이다.

데 사람들은 보지바위라 부른다. 역시 그 명칭이 민망한 이들은 공알바우라 부르기도 한다.

옛날 대리마을 여자들은 바람기가 많기로 유명했다. 마을의 원로들은 바람기가 많은 원인이 후동산의 보지바우 때문이라고 지목했다. 결국 보지바우 주변에 소나무를 심어서 바위를 가려버렸다. 그래도 걱정이 그치지 않았던지 마을의 원로들이 작당하여 마을 입구에 남근석 2기를 세웠다. 음기를 제압하기 위한 신앙적 행위였다.

바람나는 것이 여자들 탓이기만 했을까. 손뼉도 마주쳐야 소리가 나지 않던가. 남자들이 자신들의 바람기를 여자들에게 뒤집어씌우려고 했던 것은 혹시 아닐까. 남근석을 세운 후 대리마을 여자들의 바람기가 잠잠해졌다는 후일담은 없다. 사람 사는 곳에 어찌 바람 잘 날이 있을까. 대리마을 남근석은 오늘도 저토록 우뚝하고 후동산 여근바위 아래는 여전히 맑은 물이 고이고 있을 테니 말이다.

액운을 막기 위한 우실

안좌도에는 우실도 많이 남아 있다. 우실은 '울실', '마을의 울타리'라는 뜻이다. 보통 숲이나 돌담으로 만들어졌는데 실용적인 목적과 신앙적 의미가 함께 담겨 있다. 강한 바닷바람의 습격으로부터 농작물과 가옥을 보호하려는 현실적 목적과 외부로부터 찾아드는 액운도 막아보겠다는 의미로 조성한 것이다.

구대리마을 우실은 신우대숲이다. 북서풍을 막기 위해 대나무로 방풍림을 만든 것이다. 대우리마을의 팽나무 우실은 남풍을 막기 위한 방풍림이다. 한운리와 여흘리, 대척리에도 우실이 있다.

그중 대표적인 것은 대리마을 팽나무 우실이다. 이 또한 북서풍을 막아내기 위해 조성된 방풍림이다. 팽나무는 유독 바닷가에서 잘 자란다. 그래서 포구나무라고도 한다. 120여 그루의 팽나무 고목들이 숲을 이루고 있는 모습은 경이롭다. 한 그루 한 그루가 천연기념물이 될 만하다.

우실 숲이 조성된 것은 400여 년 전이다. 대리마을의 농토는 본래 갯벌이었다. 안창도와 기좌도가 하나로 연결되기 전 대리마을은 안창도에 속했었는데 겨울이면 바다에서 거센 북서풍이 불었다. 이 바람을 막아내기 위해 대리마을 사람들이 방풍숲을 조성했던 것이다.

우실로 인해 마을은 400년 동안 안전을 보장받았다. 마

을 숲 하나를 가꾸는 데도 천년대계의 비전을 가지고 추진
했던 섬사람들의 지혜가 엿보인다. 도시재생이나 마을살리
기 같은 사업을 하면서 3~4년 만에 성과를 내겠다고 안달
하는 요즘 우리 세대는 얼마나 소견머리가 짧은가. 대리마
을 우실에서 문득 깨닫는다.

백제식 석실고분과 청동기시대 고인돌

안좌도에는 선사시대와 고대 문명의 흔적들이 즐비하다. 읍
동의 안좌고등학교 뒤편에는 백제시대 석실고분 2기가 있
다. 본래는 3~4기가 있었던 것으로 추정되는데 일제강점기
에 도굴되고 파괴되면서 2기만 남았다. 석재들도 다른 용도
로 사용되어 유실되고 말았다. 주민들은 오랫동안 이 무덤
들의 실체를 몰랐던 탓에 '고려장'이라 불렀다.

대리마을에도 3기의 석실분이 있다. 이 고분들은 마을
에서 남동쪽으로 800m쯤에 위치하는데 배널리라고 부르는
바다와 인접해 있어서 배널리 고분군이라 부른다. 옛날에는
몰무덤이라 불렸다. 2011년 동신대 박물관 조사단의 발굴
작업으로 3호분에서 5세기경에 제작된 것으로 추정되는 투
구, 갑옷, 칼과 창 각 5자루, 화살촉과 옥 수십 점 등이 출토

됐다.

이 고분들은 가야계 수혈식 석곽분이다. 갑주와 무기를 무더기로 부장하는 것은 가야의 풍습이기도 하다. 그래서 배널리 고분은 가야와 관련된 인물의 무덤이었을 것으로 추정된다. 이들 석실분과 유물들은 안좌도가 고대 해양 교류의 루트였고 섬에 강력한 군사 집단이 주둔했다는 증거다. 배널리 고분군은 토착 해상 세력의 존재와 함께 고구려의 남진정책에 밀리면서 백제가 쇠퇴한 틈을 타고 가야, 신라, 왜가 서남해 섬들과 연안으로 진출했던 흔적으로도 추정되고 있다. 나주 영동리 고분, 영암 옥야리 고분, 해남 만의총 3호분, 담양 서옥 고분 등이 모두 배널리 고분군과 같은 유형의 유적들이다.

지석묘라고도 하는 고인돌은 청동기시대의 대표적 무덤 양식이다. 돌을 고였다 해서 고인돌이다. 이 땅의 청동기시대는 기원전 1000년경부터 시작됐을 것으로 추정되는데 한반도의 고인돌이 세계 고인돌의 40%에 해당할 정도로 많다. 남한에서 3만여 기, 북한에서 1만 5,000여 기가 발견됐다. 한반도야말로 거석문화의 본고장이었던 것이다.

스톤헨지나 이스터섬 석상 같은 거석문화에는 관심이 많

고 그 먼 나라들을 찾아다니는 사람들이 정작 바로 우리 곁에 있는 거석문화인 고인돌에는 무심하다.

탁자 모양의 고인돌은 주로 중부 이북에서 발견되는 까닭에 북방식이라 부르고, 바둑판 모양이나 받침돌이 없는 고인돌은 주로 전라도, 경상도 지방에서 발견된 까닭에 남방식 고인돌이라 부른다.

안좌도에 남은 남방식 고인돌 중 가장 규모가 큰 것은 방월리 고인돌군이다. 곳곳에 산재한 수십 기의 고인돌 중 마을 우물가의 고인돌들을 묶어 칠성바위라 부른다. 칠성바위

방월리 고인돌 방원리 고인돌군은 남방식 고인돌군 중 가장 규모가 크다. 방월리 곳곳에 고인돌 수십 기가 산재해 있다.

는 매년 정월 보름날 거행되던 방월리 당제의 아랫당이기도 했다. 칠성바위는 본래 7기의 고인돌이었는데 도로 공사를 하면서 일부가 파손되어 버렸다. 파손된 고인돌 아래에서는 돌칼, 돌화살, 민무늬 토기 등이 출토됐다고 한다.

칠성바위란 이름은 안좌도 사람들이 칠성신앙을 신봉했던 증표다. 칠성신앙은 북두칠성을 신격화한 성신 신앙인데 칠성은 일, 월, 화, 수, 목, 금, 토의 7개의 별이다. 칠성신은 인간의 수명과 부귀와 강우 등을 관장하는 신이다.

칠성바위 아래는 마을의 공동 우물이 있는데 한때는 95가구 500여 명 넘는 사람들이 이 물을 길어 먹고도 남을 만큼 물이 풍부했다. 그야말로 칠성님 덕분이 아니었을까. 그래서 마을 사람들은 당제 때뿐만 아니라 명절 때도 샘에 밥을 지어서 올리곤 했다. 선사시대 무덤인 고인돌이 칠성님이 되어 수천 년 동안 섬사람들에게 생명의 물을 주었으니 바위가 어찌 그냥 바위겠는가! 신성한 신물이 아니겠는가. 고인돌은 안좌도 신들의 처소다.

04 박지·반월도
두 스님의 사랑으로 이어진 징검다리

박지도와 반월도는 마주 보고 있는 형제 섬이다. 오랜 옛날 박지도의 암자에는 젊은 비구 스님 한 사람이 수도생활을 하며 살았다. 건너 섬 반월도에도 젊은 비구니 스님이 혼자 수도 중이었다. 두 섬 사이에는 바다가 놓여 있었다.

　얼굴이 보이지는 않았지만 멀리서 아른거리는 자태만으로 박지도의 비구는 반월도의 비구니를 사모하게 됐다. 달빛 교교한 밤이면 낭랑하게 들리는 비구니의 목탁 소리에 비구는 애가 끓었다. 견디다 못한 비구는 어느 날부터 망태기에 돌을 담아 반월도로 향하는 갯벌에 쏟아붓기 시작했다. 바다라도 메울 심산이었을까.

중노두에 얽힌 애틋한 전설

썰물로 바닷물이 빠져 갯벌이 드러날 때마다 비구는 돌을 담아 날랐고 그렇게 몇 해의 시간이 훌쩍 흘렀다. 마음이 통했던 것일까. 이를 눈치챈 비구니도 광주리에 돌을 담아 머리에 이고 박지도 쪽 갯벌을 향해 부어나갔다.

그렇게 또 많은 세월이 지났다. 청춘 남녀 스님 머리에도 서리가 내렸다. 양쪽에서 시작된 두 돌무더기 길이 드디어 만났다. 기쁨에 겨운 초로의 두 남녀는 손을 잡고 하염없이 눈물을 쏟았다. 어느덧 들물의 시간, 바닷물이 불어나기 시작했으나 둘은 그 자리에서 떠날 생각을 하지 않았다. 그들은 서로를 끌어안은 채 급류에 휩쓸려가고 말았다. 다시 한 번의 물때가 지나고 바닷물이 빠지자 갯벌에는 돌무더기 길만 남았다.

박지도와 반월도를 이어주던 갯벌의 징검다리인 '중노두'에 얽힌 전설이다. 그리움이 놓은 징검다리 중노두. 썰물 때면 반월도와 박지도 두 섬 사람들은 오랜 세월 이 노두길을 걸어서 교류했다. 그래서 해마다 이끼가 낀 돌들을 뒤집으며 관리해왔다. 하지만 교통의 발달로 관리가 끊기자 중노두는 소멸해버렸고 갯벌에는 돌무더기의 일부와 그에 깃든 이야기만 남았다.

박지도와 반월도는 새천년대교로 이웃의 큰 섬 안좌도까지 연결되어 섬들 사이의 교통은 한결 수월해졌다. 퍼플교라는 이름을 가진 인도교는 안좌도에서 박지도까지 547m, 또 박지도에서 반월도까지 915m, 왕복 3km의 길이다. 반월도 퇴촌마을과 안좌도 두리마을을 오가는 나룻배도 있어 반월도 사람들은 인도교뿐만 아니라 나룻배로도 안좌도를 오갈 수 있다. 박지도에서는 안좌도를 오가는 나룻배는 없어서 인도교를 통해서만 왕래한다. 썰물이면 박지도와 반월도를 이어주는 인도교에서 중노두의 흔적을 볼 수 있다.

박지도와 반월도에는 중노두의 전설 속 암자의 터가 남아 있다. 박지도의 비구스님 암자 터는 박지도 당산 중턱의 절골에 있고, 반월도의 암자 터는 개논이 있는 대덕산 중턱, 십새미 부근에 있다. 십새미는 샘(우물)인데 샘의 형상이 여성의 성기처럼 생겼다 해서 붙여진 이름이다. 마르지 않는 청춘처럼 이곳에서는 사철 마르지 않고 물이 솟아난다.

바가지를 엎어놓은 것 같은 박지도

박지도와 반월도에는 섬을 일주하는 둘레길이 잘 나 있다.

두 섬을 모두 돌아도 서너 시간이면 족할 정도로 섬은 아담하다. 둘레길을 걸으며 마주하게 되는 가장 큰 감동은 광대한 갯벌이다. 이 갯벌에서 섬사람들은 어로와 양식업을 하며 살아간다. 갯벌은 섬사람들의 직장이다. 섬사람들에게 먹이를 주니 갯벌은 곧 섬의 생명줄이다.

박지도는 섬이 바가지를 엎어놓은 것처럼 생겼다 해서 배기섬 혹은 바기섬이라 하다가 박지도로 불리게 됐다고 전한다. 백일(白一)이라고도 불렀다. 박지도 마을에서는 일출과 일몰을 모두 볼 수 있다. 온종일 해가 드는 밝은 마을이다. 그래서 백일이라고 했던 것이다.

중노두 전설이 깃든 박지도 뒷산을 오르다 보면 중턱에 당숲이 있다. 지금은 더 이상 당제를 모시지 않지만 당숲은 원형이 그대로 남아 있다. 작은 섬이었지만 섬의 신전인 박지도 당숲은 인근 섬들에서도 영험하기로 유명했다. 매년 정월, 당제를 모실 때가 오면 마을에서는 흠결 없이 깨끗한 소 한 마리를 사다가 제물로 썼다. 그런데 당시 이웃 섬들에는 소장수가 박지도 당제의 제물로 낙점된 소를 팔지 않으면 당할머니가 벌로 그 소를 말려 죽이고 만다는 소문이 퍼져 있었다. 어떤 소장수도 자신의 소가 박지당의 제물로 낙점되면 팔지 않을 도리가 없었다. 그만큼 박지도 당의 영향력이 컸던 것이다.

반달 같은 모양의 반월도

4km 남짓 되는 박지도 둘레길을 돌아 인도교를 건너면 반월도다. 섬의 모양이 어느 방향에서 봐도 반달 같다 해서 반월도다. 섬의 최고봉은 어깨산이라 부르는 견산(202m)이다. 반월도에도 섬을 한 바퀴 돌 수 있는 일주도로가 나 있다.

단일 마을인 박지도와 달리 반월도에는 두 개의 마을이 있다. 인도교를 건너서 오른쪽으로 가면 작은 마을 퇴촌이고, 왼쪽으로 가면 큰 마을인 안마을이다. 한때 섬사람들의 주업은 김양식이었으나 지금은 대부분 전복양식이나 낙지잡이를 하며 살아간다. 반월도는 오래 전 '해태(김) 모범 섬'으로 꼽힐 정도로 지주식 김양식이 성행했었다. 전성기 때는 60여 가구가 김양식을 하고 김공장이 6개나 있을 정도였다. 하지만 김값이 폭락하면서 김공장들은 모두 문을 닫았고 공장 건물들은 폐허가 되고 말았다. 그래서 주민들은 전복양식과 낙지잡이로 전업했는데 근래 다시 김값이 상승하면서 김양식으로 눈을 돌리고 있다.

반월마을 입구 오른쪽 산기슭에는 잘 단장된 기와집이 눈에 띈다. 인동 장씨 재실이다. 반월도에 가장 먼저 들어와 정착한 집안이 인동 장씨다. 1670년대 인동 장씨가 입도해 정착하며 마을이 형성됐다고 전해진다. 『신증동국여지승람』과 『여지도서』에 "둘레는 12리이며, 호적에 편성된 민호는 27호"라는 기록이 있다. 반월마을은 아직도 인동 장씨가 모여 사는 집성촌이다.

큰 마을인 반월마을 초입에 반월도 당숲이 있다. 규모는 크지 않지만 신령한 느낌이 가득하다. 당숲은 일반적으로 산중턱에 있거나 마을과 조금 떨어져 있는 신성한 공간이다. 반월도처럼 마을 입구에 있는 경우는 드물다. 주민들이 입도하면서 심은 나무들이 고목나무숲을 이루어 당숲이 됐다. 당 주위의 숲은 느릅나무, 팽나무, 후박나무, 동백나무, 송악, 마삭줄 등 난대수종이 주종이다. 반월마을 주민들은 매년 정월보름날 이 숲에서 마을의 평안과 풍어를 기원하는 제를 지냈다. 이 당숲은 왕매미 서식지로도 유명하다. 제14회 아름다운 숲 전국대회에서 공존상을 받기도 했다.

당산 혹은 당숲은 마을의 수호신을 모신 성스러운 공간이다. 성황당, 서낭당, 산신당, 도당, 산제당 등이 모두 같은 의미의 성역이다. 당산에는 신목인 당산나무가 있는데 신격화된 나무다. 당산나무는 당숲이나 서낭당의 중심이다. 당집과 함께 있는 경우도 있지만 당산나무 그 자체가 당이 되기도 한다.

반월도 당제는 할매당이라고도 부르는 이 당숲에서 해마다 음력 정월 15일 자정에 모셔졌다. 제상은 7개가 차려졌는데 당할매, 당할아버지, 당할매 아들, 당할매 딸, 용왕, 안지심, 밭지심 등을 위한 것이었다. 일반적으로 제상에는 술, 쌀 닷말 분량의 떡, 몬치(어린숭어) 7마리, 명태 7마리와 말린 생선, 콩, 녹두, 고사리채 등 각종 나물, 뚜부탕(두부탕), 돼지머리, 장닭 1마리가 올랐다. 제물은 사정에 따라 해마다 약간씩 차이가 있었다. 제주는 상을 차린 뒤 3번 술을 올리고 "동네 이장, 머리(마을 어른) 몸살 없고, 해태(김) 잘되고, 충해 없고 농사 잘되어 달라"고 손을 비비며 빌었다.

당제가 끝나면 마을총회를 열어 결산을 하고 걸궁(마당밟이)을 했다. 걸궁을 할 때는 농악대 맨 뒤에 '삐삐각시'라고 하는 여장 남자와 총과 바랑을 맨 포수가 뒤따랐다. 반월도와 박지도는 형제섬 답게 박지도 당은 할아버지당, 반월도 당은 할매당이라 했다. 당제 기간에는 당숲의 팽나무와 버

드나무에 금줄을 매고 그 주위에는 황토 흙을 뿌렸다. 지금은 사라진 풍습이다.

옛 방식 그대로 고기를 잡는 어부들

반월도에는 후리질이나 갯치기, 뜰빵낚시 같은 전통 어로 방식이 많이 남아 있다. 후리질은 어부들이 긴 장대를 들고 바닷물 표면을 후려쳐서 물고기를 잡는 어로다. 얕은 바다 갯벌에 들어왔던 물고기들이 도망치지 못하게 장대로 바다 표면을 쳐서 한군데로 몰아간 뒤 그물로 포획한다.

갯치기도 비슷한 전통 어로다. 썰물 때 물이 빠진 갯고랑 양쪽에 그물을 쳐놓고 바닷물 표면을 역시 긴 장대로 내리친다. 여름에는 물고기들이 주로 수면 가까이 떠다니기 때문에 그물을 쳐놓도 쉽게 빠져나가 버린다. 후리질과 갯치기는 그런 물고기들을 포획하는 방법이다. 장대로 바다를 후려치면 놀란 물고기들이 물속 깊이 숨어서 도망가다가 걸려드는 것이다.

밤에는 뜰빵낚시라는 전통 어법으로 장어를 잡는데 이 낚싯대에는 바늘이 없는데도 더 많은 장어를 잡을 수 있다. 낚싯바늘에 걸린 장어를 떼어내는 시간을 절약할 수 있기

후리질(위)과 갯치기(아래) 반월도 어부들은 아직도 전통 어로 방식으로 고기를 잡는다. 그 자체가 보존할 가치가 있는 소중한 문화재다.

때문이다. 일종의 곧은 낚시다. 일자로 된 쇠막대기 옆에 갯지렁이를 끼운 낚싯줄을 매단다. 일자로 된 쇠막대와 미끼가 한몸처럼 붙어서 바닷속으로 내려가면 장어가 달려들어 미끼를 꽉 문다. 장어는 탐욕스러운 성격이라 한번 문 미끼를 좀처럼 놓지 않는다. 장어가 물었다 싶을 때 한껏 낚아채서 배 위로 끌어올리면 장어는 그대로 어선 바닥에 떨어진다.

주의해야 할 것은 잡아올릴 때 어선의 선체에 장어가 닿으면 놀라서 떨어져 도망가 버린다는 점이다. 선체에 닿지 않게 조심스레 잡아올리는 것이 기술이다. 반월도에 이런 보물 같은 전통 어로들이 아직도 전승되고 있는 것은 갯벌이 살아 있어 물고기들이 모이기 때문이다.

반월 안마을, 해안에는 지붕이 날아가 버리고 폐허가 된 김공장 몇 곳이 있다. 아무런 쓸모도 없어 보이는 폐허의 건물 안으로 들어서니 뜻밖에도 신세계가 펼쳐진다. 건물 안이 하나의 설치 작품 같기도 하고 미술관 같기도 하다. 창문으로 보이는 바다가 그대로 액자다. 창문마다 작품이 전시되어 있는 셈이다.

반월도는 전남도의 '가고 싶은 섬 가꾸기' 섬으로 지정되어 섬 가꾸기가 진행 중이다. 섬 가꾸기를 통해 이 낡은 건

반월도 마을 잔칫상
잔치가 열리면 푸짐한 섬 음식들이 상을 가득 채운다. 잔칫상에는 우리 음식의 원형이 고스란히 남아 있다.

물을 미술관으로 만들면 어떨까? 세월의 흐름과 자연의 풍경을 볼 수 있는 미술관. 제주에 있는 재일 한국인 건축가 이타미 준의 작품 '수풍석 뮤지엄'이 바로 이런 상상력으로 건축된 것이다. 자연이 그려내는 작품들을 전시하는 미술관. 반월도의 김공장이 그런 미술관이 된다면 얼마나 좋겠는가. 오래되고 낡았다고 무조건 철거하기보다는 새로운 쓰임새를 찾아주는 것이야말로 진정한 마을재생이 아닐까.

반월도 안마을에는 마을주민들이 운영하는 마을 식당이 있다. 식당 입구에는 섬 할머니들이 그린 손 그림이 전시돼 있다. 고단한 노동을 참아내느라 비틀리고 거북등처럼 딱딱해진 손들. 어느 할머니 그림에 함께 쓰인 글이 아릿하게 가슴을 친다. "손아 잘 참아주어 고맙다."

05 장산도

꽃보다 아름다운 들노래 전수관

"장산은 볼 거 없어."

　　장산도 도창리 노거수림 아래 노인들 몇 분이 모여 앉아 두런거린다. 볼 거 없다는 섬에서 노인들은 오래된 나무들이 주는 혜택을 받으며 살아왔다. 바람을 막아주던 숲. 주민들은 그저 고목나무들이라 부르는 마을 숲. 숲에는 어떤 마법 같은 힘이 깃들어 있다. 수백 년을 살아온 거목들로 이루어진 숲은 더더욱 마법의 힘이 강하다. 그저 보는 것만으로, 그저 그 그늘에 깃드는 것만으로도 평화로워진다.

일제에 항거한 장씨 집안 사람들

장산도는 호남 독립운동가 '장씨 집안'이 살던 섬으로 세간에 회자되었다. 장하성 전 청와대 정책실장을 비롯해 장하진 전 여성가족부장관, 장재식 전 산업통상자원부 장관, 세계적 경제학자인 장하준 케임브리지대학 교수 등이 모두 장산도에 뿌리를 두고 있다.

장하성의 증조부 장진섭은 구한말 장산도의 만석꾼으로 유명했다. 장진섭의 아들 4형제인 장병준, 장병상, 장홍재, 장홍염은 모두 독립운동, 광주학생운동, 제헌국회의원 활동을 했다.

장하성의 큰할아버지 장병준은 임시정부에서 활동한 독립운동가였다. 장산도 대리에서 태어난 장병준은 일본 유학 중 1919년 3·1운동이 일어나자 급히 귀국했고 3월 18일 장산도 독립 만세 시위를 주도했다. 그는 독립 만세 시위 주모자로 징역 3년을 선고받았다.

출옥 후 중국 상해로 망명했는데 1920년 초 군자금 조달을 목적으로 귀국하여 서울에서 이동욱 등과 3·1 운동 1주년 기념식을 계획하다가 일본 경찰에 잡혀 다시 징역 3년을 선고받았다.

장병준은 1927년에 대한민국 임시정부 의정원 의원으로 선임되어 독립운동을 했다. 1929년에는 신간회 목포지회장

장병준 생가 구한말 만석꾼으로 유명했던 장진섭의 장남인 장병준은 임시정부에서 활동하던 독립운동가다. 장산도 대리마을에 그의 생가가 보존되어 있다.

으로 활동하다 중앙 대표로 선출되었다. 이때 광주학생항일운동이 탄압을 당했고, 이 진상을 규명하기 위해 서울에서 민중대회운동을 열었다가 다시 붙잡혀 고문을 받고 옥고를 치렀다. 1963년 대통령표창, 1980년 건국포장, 1990년 애국장이 추서되었다.

장홍염 또한 치열한 독립운동가였다. 그는 광주학생항일운동을 전국으로 확산시킨 주역이었으며 전조선 항일스트라이크 동맹 위원장을 역임했다. 중국으로 건너간 뒤에는 엿장수로 변장해 비밀 독립운동을 했으며 이회영, 신채호

등과 항일무력투쟁에도 헌신했다. 북경에서 군자금을 모아 독립군에게 전달하다 체포돼 고문을 받았으나 끝내 동지들의 이름을 자백하지 않고 견뎌냈다.

해방 후 장홍염은 부친에게 물려받은 농지와 전 재산을 소작인들에게 무상으로 나누어주기도 했다. 반민특위 검사와 제헌의회 국회의원도 지냈다. 장홍염은 살아생전 정부에서 주는 훈장을 거부했다. 여전히 친일파들이 득세하고 그 후예들이 승승장구하는 세상, 훈장을 받는 것이 무슨 의미가 있을까 싶었던 것이리라. 선생의 사후인 1993년에야 정부는 건국훈장 애족장을 추서할 수 있었다.

장홍재는 1929년 광주학생운동에 참가했다가 일본 경찰에 붙잡혀 고문을 당한 뒤 후유증으로 사망했다.

강과 바다가 하나인 세계관

장산도의 관문은 북강과 축강 선착장이다. 여객선이 두 곳을 번갈아가며 들른다. 섬에 강이라는 지명이 있다. 섬 가운데로 큰 강이라도 흐른다는 말인가? 본래 강과 바다는 구분이 없었다. 그래서 강과 바다가 만나는 기수구역은 늘 하나로 연결되어 민물과 바닷물이 뒤섞여 흘렀으니 어디부터 강이고 어디부터 바다겠는가? 그래서 강은 작은 바다였고 바다는 또 큰 강이었다.

서남해 섬사람들이 바닷가를 강변(갱변)이라 부르고 섬과 섬 사이 해협들을 장산도처럼 축강, 북강이나 남강(암태도), 독강(덕적도) 등으로 부르는 것은 그 때문이다. 서남해 섬사람들의 세계관에서 강과 바다는 하나였다.

지금은 우리나라 대부분의 강들이 하구언 둑으로 막혀 바다와 단절되었다. 낙동강, 영산강이 그렇고 금강이 그렇다. 둑에 갇혀 썩어가는 강물을 볼 때마다 답답하다. 강과 바다는 연결되어야 마땅하다. 그래야 단절됐던 생태계가, 소멸되어 버린 문화가 복원될 수 있다.

축강 선착장에 내리니 공영버스가 대기하고 있다. 버스는 여객선 시간에 맞춰서 운행하며 섬 주민들의 손발이 돼준다. 65세 이상 노인은 무료다. 신안군에서는 교통 소외 지역인 작은 섬에도 공영버스가 다닌다.

101그루의 노거수가 지키는 섬

수도자가 한자리에 앉아 기껏 몇 달, 몇 년을 수행한 것을 가지고도 우리는 도인이라고 우러러 받든다. 그런데 나무들은 수백, 수천 년을 한 자리에 서서 온갖 풍파와 시련을 견디며 수행한다. 단 한번 눕지도 않고서 말이다. 어찌 수행하는 사람이 나무 어르신들의 도력을 발뒤꿈치만큼이라도 따라 갈 수 있겠는가!

오늘도 도창리 노거수림은 더없이 평화롭다. 숲을 이루고 있는 노거수는 모두 101그루. 소나무, 팽나무, 가죽나무 등의 거목들이다. 노거수림은 본래 해적들에게 창고를 숨기기 위해 조성된 위장 숲, 은폐림이었다.

옛날 도창리에는 서남해 섬들에서 거두어들인 곡식들을 보관하던 세곡 창고가 있었다. 그래서 마을 이름에도 창고가 들어가 있다. 마을에 세곡 창고가 있었다는 것은 예전에는 도창리가 바다에 인접해 있었다는 뜻이기도 하다. 지금은 간척으로 마을 앞바다는 들판이 되었다.

노거수림은 은폐림인 동시에 북서풍을 막아주는 마을의 방풍림이자 우실을 겸했다. 불어오는 바람을 막아 농작물 피해를 막는 한편 액운도 막는 주술적 의미로 돌담을 쌓거나 나무를 심은 것이 우실이다. 그래서 노거수림 일대를 우실 잔등이라 부른다.

노거수림에 들면 평안해지는 것은 그 때문이리라. 숲이

시원한 그늘만이 아니라 재앙으로부터 보호해주는 주술적인 힘까지 가졌으니 어찌 사람이 그 안에서 평화와 안식을 얻지 않을 수 있겠는가!

서남 해상 세력의 근거지

장산도는 쇠락하여 쓸쓸하다. 면 소재지에도 오래된 식당과 민박집 몇 곳만 있을 뿐 이렇다 할 편의 시설이 없다. 흡사 시간이 멈춰버린 듯한 풍경이다. 그런데 놀랍게도 이 섬에 거대한 고분들이 남아 있다. 도창리의 백제 석실분, 다수리 고분들이 그것이다. 특히 도창리 아미산 남쪽 기슭에 위치한 석실분은 백제 말기에 유행했던 고분의 형태인데 주로 공주 부여지방에 분포해 있는 고분 유형이다. 인근의 안좌도나 해남 월송리, 나주 대안리 등지에도 백제 석실분이 남아 있으나 도창리 고분과 같은 양식은 전남지방에서 유일하다.

아미산과 대성산에는 백제시대 토성의 흔적들도 남아 있다. 이 석실고분과 토성의 존재는 당시에 백제 수도의 지배 세력 못지않은 해상 세력이 장산도에도 존재했다는 증거일 수도 있다.

1966년 아미산 고분이 발견됐을 때는 석실 안의 부장품들이 이미 모두 도난당한 뒤였다. 백제시대 유물 때문일까. 한국 여행객도 거의 찾지 않는 섬 장산도에 가끔씩 일본인 단체 관광객들이 몰려오곤 한다.

그러므로 섬은 작다고 결코 작은 것이 아니다. 지금은 그 저 한적하고 쓸쓸한, 쇠락한 섬으로 남았지만 오랜 옛날 장 산도는 바다를 제패한 압해도와 함께 서남해 해상 세력의 근거지였을 것이다.

장산도에는 백제시대 거치산현이 설치됐고, 신라 때는 안파현이 있었다. 후삼국시대에는 압해도 능창 장군의 해상 세력과 함께 끝까지 후백제편에 서서 고려와 대적하다 패망 했다.

고려시대 말 삼별초의 난 때 장산도 사람들은 진도에 정 부를 세웠던 삼별초 왕국에 동조해 항몽운동을 했다. 그 여파로 고려 말부터 조선 초까지는 진도나 흑산도처럼 장산 도 주민들도 육지로 강제 이주를 당했다.

조선시대에 들면서 장산도는 점차 쇠락의 길로 접어들었 다. 장산도에 다시 주민들이 살기 시작한 것은 임진왜란 무 렵부터다.

임진왜란 당시에는 명량해전을 승리로 이끈 이순신 함대

가 왜적의 반격을 피해 당사도, 어의도, 칠산도, 군산도(선유도)로 퇴각했다가 법성포, 어의도, 우수영을 거처 장산도에 입도해 16일간 머물기도 했다. 이 짧은 기간에 이순신은 참혹한 일을 당했다. 명량해전의 패배에 대한 보복으로 왜군이 특공대를 조직해 이순신의 고향인 아산을 불바다로 만들었고 그의 셋째 아들 '면'도 죽임을 당했다. 그 소식을 접한 것이 바로 장산도의 대성산성이었다. 『난중일기』에 그 기록이 있다.

"겉봉을 뜯기도 전에 현기증이 났다. …… 막내아들 면아 차라리 내가 죽고 네가 사는 것이 이치에 마땅하거늘 네가 죽고 내가 살았으니 이런 잘못된 일이 어디 있느냐. 나 이제 세상에 있어본들 누구를 의지하며 살겠느냐. 하룻밤을 지내는 것이 마치 일 년 같구나!"

섬에 있는 들노래 전수관

장산도는 들판이 넓고, 땅심이 좋기로 유명하다. 1m를 파들어가도 모래나 자갈이 나오지 않는 기름진 땅이다. 그래서 장산도 사람들은 땅에 대한 자부심이 크다. "장산 땅이

찰땅이요. 기름이 번들번들해요. 떡으로 치면 찰떡이지."

간척지도 드넓어 섬사람들은 주로 농사를 짓고 산다. 그래서 장산도의 대표적인 노동요는 뱃노래가 아니라 들노래다.

노거수림 옆에 들노래 전수관이 있다. 오랜 세월 전승되어온 노동요인 장산도 들노래는 1981년 전남의 남도문화제 최고상, 1982년 제23회 전국 민속예술경연대회에서 종합 우수상인 국무총리상, 1987년도 남도문화재 민요 부문에서 우수상을 수상했고, 1988년 12월 전라남도 무형문화재 제21호로 지정됐다.

장산도 들노래를 세상으로 알린 이는 들노래 기능보유자인 강부자 선생과 지금은 고인이 된 그녀의 남편 이귀인 선생이었다. 이귀인 선생은 세습무였다. 이귀인 선생은 장산도 주민들로 들노래 공연단을 조직해 전국으로 공연을 다녔다. 미국, 일본, 영국 등 세계 각국에서 촬영을 해갔고 1986년 아시안게임에서도 공연을 했다. 국립극장, 국회의사당에서도 공연을 했다. 한마디로 스타가 따로 없었다. 지금은 세상의 관심이 예전 같지 않다.

세상의 관심이야 어떻든 장산도 들노래 단원들은 여전히 들노래를 부른다. 오늘도 들노래 전수관에는 한복을 곱게

차려입은 들노래 단원들이 모였다. 문화재청에서 제작하는 방송에 시연을 하기 위해서다. 시연에 들어가니 어머님들의 노래와 안무가 걸그룹 저리 가라다.

힘든 노동의 고통을 잊기 위해 논일 밭일 하며 부르던 노동요. 종일 노동으로 지친 몸도 전수관에 와서 들노래 연습만 하면 피로가 풀리고 신명이 솟아난다고 하신다. 부부간에 분란이 있을 때도 들노래 한판 부르고 놀다 보면 화가 풀려 부부 싸움할 일도 없다고 자랑이다.

상장구인 64세 '청년' 손경련 선생의 몸짓이 물 찬 제비처

장산도 들노래 들노래 기능보유자인 강부자 선생(좌)과 그녀의 남편인 고 이귀인 선생(우)은 장산도 들노래를 널리 알린 이들이다.

럼 날렵하다. 나이가 어리다고 다 청년이 아니듯이 나이 많
다고 다 노인은 아니다.

보약이고 치료약인 들노래

예전 장산도 사람들은 들에 일하러 다닐 때면 노래를 불렀
다. 들노래는 모를 찔 때 부르는 모찌기 노래, 모를 심을 때
부르는 모심기 노래, 논매기 노래, 논을 다 매고 돌아갈 때
부르는 길꼬냉이로 구성되어 있다.

미영밭(목화밭) 일 할 때는 하중 밭매기 노래를 불렀다. 노
래를 잘하고 악기를 잘 다루는 사람은 일을 안 하고 노래를
부르고 풍장만 쳐줘도 하루 품삯을 다 줬다. 들노래가 농사
일에 큰 힘을 주었기 때문이다.

장산 들노래는 여자들이 불렀다. 힘든 농사일은 주로 여
자들이 했기 때문이다. 장산도 들노래는 남사당패의 영향을
받은 것으로 알려져 있지만 어디 그것만이겠는가. "들노래
가 옛날 꽃날부터 입으로, 입으로 내려오던 노래요." 고단한
노동이 존재하기 시작한 뒤부터 노래도 함께했을 터다.

"남자들은 일 안했어요. 술집서 윷이나 놀고 술이나 마
시고 놀았지." 힘든 농사일을 감당해야 했던 장산도 여인들.

그녀들은 노래를 부르며 시름을 달랬고 삶을 지켜냈다. 남자들이란 참 염치없이 편한 삶을 살던 시절이었다.

그래도 장산 들노래는 지루하지 않고 경쾌하다. 그래서 노래를 부르면 힘든 줄을 몰랐다. 밭일을 끝내고 나서는 바가지를 엎어놓고 둥당애 타령을 부르며 노동의 피로를 풀기도 했다. 노래가 아니었다면 어찌 그 힘든 세월을 견뎌냈을까? 장산도 여인들에게 들노래는 그야말로 치료약이었고 보약이었다.

지금은 들일을 할 때도 더 이상 들노래를 부르지 않지만 단원들은 틈만 나면 전수관에 모여 연습을 한다. 취미활동이 된 것이다.

"여기 오면 웃을 일 밖에 없어요. 다들 한식구 같아요. 아무리 바빠도 연습 있으면 나와요." 낮에 고추 따고 녹두 따고 아무리 힘든 일을 했어도 전수관에 와서 한바탕 춤추고 노래하고 나면 피로가 싹 풀린다. 그야말로 들노래가 피로회복제다. "집에서 화나는 일 있어도 여기 와서 한판 놀고 나면 화가 다 풀려버려." 그래서 들노래 단원들은 부부싸움도 없다고 하신다.

경쾌한 풍물 소리와 신명나는 춤사위에 단원들 얼굴이

다 환하다. 장산 들노래는 연주와 노래, 춤까지 어우러진 그야말로 한 편의 종합 예술이다. 장산도 뮤지컬이다. 단원들은 대부분 할머니들이다. 그런데 시연이 시작되자 할머니들은 다 어디로 가고 생기 넘치는 여인들이 튀어나온다. 느리던 발걸음도 빨라지고 굽어졌던 허리도 꼿꼿이 펴진다. 주민들이 자발적으로 생활 속에서 전통 문화를 전승하고 있다. 꽃보다 아름답지 않은가!

06 하의도

333년 항쟁의 역사가 서린 김대중 대통령의 고향

"김대중 대통령 고향이라 해서 개발을 많이 시켜준 줄 알았는데 하나도 개발이 안 됐네요. 김영삼 대통령은 자기 고향 마을 앞으로 지나가는 거가대교도 막 놔주고 그랬는데."

"맞습니다. 특히 경상도 지역 분들이 오해들 많이 하시는데 디제이가 자기 고향이라 해서 특혜 준 거 하나도 없습니다."

내가 교장으로 있는 섬답사공동체 '섬학교'에서 답사 차 하의도를 찾았을 때 울산에서 온 회원과 나눴던 대화다. 역시 현장에 직접 가봐야 소문의 진위를 알 수 있다.

옛 정취가 잘 보존된 대통령의 고향

특혜커녕 오히려 하의도 사람들 중에는 김대중 대통령에 대한 섭섭함을 토로하는 분들이 적지 않다. 대통령 재직 시절 하의도를 위해 해준 것이 없기 때문이다. 나는 하의도 사람들의 이야기를 들을 때마다 새삼 김대중 대통령이 훌륭하다는 생각을 하게 된다. 태어난 고향이라고 특혜를 주지도 않고 또 고향이 아니라 해서 차별하지도 않은 공명정대함. 대통령은 결코 어느 특정 지역만의 대통령이 아니라 모두의 대통령이기에 당연한 이야기다.

대통령을 배출한 섬이지만 다행스럽게도 하의도는 개발의 '혜택'을 거의 못 받아 옛 정취를 잘 보존하고 있다. 그것이 미래에는 하의도의 큰 자산이 될 것이다.

대한민국 제 15대 대통령 김대중이 태어난 곳은 하의도의 후광리 원후광마을이다. 그의 호가 후광인 것도 그 때문이다. 후광리는 본래 너리섬의 뒤쪽에 위치해서 '뒷너리섬'이라 부르다가 '후광'으로 지명이 바뀌었다. 후광리에는 종남마을, 전월마을, 운산마을, 소포마을, 오장마을, 원후광마을 등의 자연부락이 있다. 김대중이 태어나 살던 원후광의 집은 그가 하의도에서 목포 북초등학교로 전학을 간 뒤

김대중 대통령(위)과 생가(아래) 하의도 원후광마을에 있는 김대중 대통령의 생가는 마늘밭으로 변했다가 복원된 것이다. 목재까지 원래 생가에 있던 것을 공수해 복원한 것이라 의미가 크다.

헐리고 마늘밭으로 변했다. 그러다 1999년 9월 김씨 종친들이 중심이 되어 60여 년 만에 원형대로 복원했다.

복원된 집은 안채와 창고 1동, 화장실 1동 등의 부속채와 헛간 6칸이다. 생가가 해체될 때 그 목재를 가져다 집을 짓고 살던 어은리 주민의 집을 다시 사들여 해체한 다음 기둥과 대들보 등 주요 목재를 활용해 옛 모습 그대로 복원했으니 그 의미가 크다. 신안군 향토유적 23호다.

김대중은 1924년 이 집에서 아버지 김윤식과 어머니 장수금 사이에서 태어났는데, 어머니 장수금은 김윤식의 둘째 부인이었다. 김윤식은 첫째 부인과 1남 3녀를, 둘째 부인과는 3남 1녀를 두었는데 김대중은 장수금에게는 첫째 아들이었지만 김윤식에게는 둘째 아들이었다. 김윤식은 본가에서 본처와 함께 살았고, 장수금은 간척지인 후광리에 따로 살며 염전 일꾼들을 상대로 한 함바집을 운영해 밥과 막걸리를 팔아 자식들을 키웠다.

김대중은 어린 시절 덕봉강당에서 스승인 김연에게 한학을 배우다 4년제 초등학교가 생기자 2학년으로 편입해 4년 과정을 마친 뒤 어머니와 함께 목포로 유학해 목포에서 성장했다.

김대중은 박정희 군부독재 정권하에서 야당의 대통령 후보로 나서 선풍적인 인기를 얻었지만 온갖 부정선거에 부딪혀 패배한 뒤 암살시도를 당하며 5번의 죽을 고비를 넘겼다. 6년 동안의 감옥살이, 55차례의 연금, 10년의 망명생활 끝에 1997년 대한민국 제15대 대통령으로 당선되었다.

　2000년 6월 15일 사상 첫 남북정상회담을 성사시켜 평화통일의 초석을 놓았고 민주화와 평화를 위한 공로를 인정받아 2000년 12월 10일 한국인 최초로 노벨평화상을 수상했다.

　복원된 생가는 종친들이 신안군에 기증했고, 옆에는 추모관이 조성되었다. 김대중 대통령은 정치가 예술이라고 이야기 한 바 있다.

　"진정한 정치가 할 일은 억압받는 자와 가난한 자의 권리와 생활을 보장하고 그들을 정치의 주체로 참여케 하는 것이다. 그러나 이러한 과정에서 억압하던 자와 빼앗던 자들도 그들의 죄로부터 해방시켜서 대열에 참여케 해야 한다. 그 점에서 정치는 예술이 된다."[1]

편협한 편 가르기와 협잡이 난무하는 시대, 진정 예술의
정치가 필요한 때다.

섬 농부들의 애환이 서린 하의3도농민운동기념관

하의도(荷衣島)는 유인도 9개, 무인도 47개로 구성된 하의면
의 본섬이다. 면적 15.14km²에 1,526명의 사람들이 살아간
다. 하의도란 이름은 섬이 연꽃으로 만든 옷 모양이라 붙은
이름이라 한다.

하의도의 옛 이름은 고이도 혹은 고의도였다. 일본의 승
려 엔닌의 『입당구법순례행기』에는 고이도(高移島)로, 『삼국
사기』에는 고이도(皐夷島)로, 『고려사』에는 고의도(皐衣島)로
나온다. 『조선왕조실록』에서는 세종실록부터 하의도(河衣島)
로 표기되고 있다.

신안군 대부분의 섬들처럼 하의도 또한 섬이지만 어업보
다는 농업이 주다. 과거 육지 사람들이 섬으로 들어온 것은
어업을 위해서가 아니라, 농사지을 땅을 갖기 위해서였다.
이들은 육지에서 자신의 땅 한 뙈기 없이 소작인으로 살면

---

1 김대중, 『옥중서신』, 시대의창, 2009.

서 지주와 관리들에게 수탈과 억압을 받았다. 그러니 섬으로 들어와 황무지를 개간하고 간척을 하는 등 온갖 고생을 다 해서 마련한 땅에 대한 애착은 육지 사람들의 상상을 초월할 정도로 컸다. 땅은 곧 생명이었다. 섬사람들이 자기 땅을 되찾거나 지키기 위해 목숨까지 거는 것은 그 때문이었다. 땅을 잃는 것은 생명을 잃는 일이었다.

하의도 사람들이 빼앗긴 땅을 되찾기 위해 무려 333년 동안이나 투쟁을 이어올 수 있었던 것 또한 목숨만큼 소중

하의3도농민운동기념관 전시관은 역사의 땅, 항쟁의 땅, 평화의 땅 등 3구역으로 나눠져 농민항쟁의 역사를 상세하게 보여준다.

한 땅에 대한 애착이 있었기에 가능한 일이다. 하의도 대리의 하의3도농민운동기념관은 하의도와 인근 섬 주민들의 333년에 걸친 농민항쟁의 역사를 기록한 기록관이다. 하의3도란 지금은 다리로 연결된 하의도와 신의도를 이야기 한다. 신의도는 본래 상태도 하태도 두 개의 섬이었는데 간척으로 하나가 되어 1983년 새로운 하의도, 신의도가 됐다. 과거 하의도, 상태도, 하태도 3개의 섬을 하의3도라 통칭했다.

333년 만의 값진 승리

고려 말 공도정책으로 비어 있던 이 섬들의 농토는 임진왜란 이후 다시 들어와 정착한 사람들에 의해 개간되고 간척되어 만들어진 것이다. 전쟁으로 재정이 고갈된 왕실은 세수 확대를 위해 섬 지역의 입도와 개간을 권장했다. 조정은 새로 개간한 땅의 경작권을 개간한 자에게 주기로 약속하고 섬 정착을 독려했다.

하의3도에도 그렇게 사람들이 들어와 황무지를 개간하고 갯벌을 간척해 옥토를 만들었다. 그런데 1623년 인조는 주민들과의 약속을 어기고 하의3도의 개간된 땅 24결을 그의 고모였던 정명공주가 시집갈 때 혼수품으로 내주고 말았다. 물론 조건을 달아 정명공주의 4대손까지 세미를 받도록 했다.

억울해도 섬 주민들은 참았다. 하지만 정명공주가 시집을 간 홍씨 집안에서는 4대가 지나도 여전히 세미를 수탈해 갔다. 1729년 땅의 권리를 주민들에 반환해야 했음에도 불구하고 정명공주의 5대손 홍상한은 주민들이 새로 개간한 땅 140결에 대한 권리까지 주장해 세미를 거두어갔다. 주민들은 농토를 되찾기 위해 싸웠지만 세도가인 홍씨 집안을 이길 수 없었다.

엎친 데 덮친 격으로 4대가 지나자 홍씨 집안뿐만 아니라 관에서도 권리를 주장하며 세금을 징수해 갔다. 한 번 내는 것도 억울한데 양쪽으로 세금을 뜯기니 주민들은 살아갈 수가 없었다. 일토양세(一土兩稅)였다. 오죽하면 하의도에는 양세바위라는 이름의 바위까지 생겼을까. 억울함이 얼마나 컸을지 짐작이 간다. 주민들은 저항했으나 국가와 세도가 집안을 이길 수가 없었다. 그래도 포기하지 않고 싸웠다.

하의3도의 땅은 홍씨 집안에서 내장원으로, 내장원에서 다시 홍씨 집안으로, 조병택과 백인기로, 정병조로, 우콘 곤자에몬 등의 일본인들을 거쳐 신한공사로 소유권이 넘어갔다. 그때마다 주민들은 진정과 도세 납부 거부, 각종 소송, 농민조합운동 등으로 저항했다.

해방 후인 1950년 2월 13일에 이르러서야 제헌국회의 무상 환원 결의가 이루어졌다. 마침내 1956년 땅은 불하 형식으로 하의3도 주민들에게 돌아갔다. 하의3도 농민들의 농토 찾기 투쟁이 끝난 것이다. 무려 333년 만의 승리였다. 1994년에는 누락된 일부 땅들의 등기 처리가 이루어졌다.

하의3도농민운동기념관에는 일본인을 기리는 비석도 하나 보관되어 있다. 일제강점기 토지반환 투쟁 때 큰 도움을 준 일본인 변호사 고노오 토라노스케를 기리는 비석이다. 그는 1908년 서울에서 변호사를 개업했는데 1909년 하의3도 농지 사건 변론을 맡아 3년간 열성적인 노력으로 소송을 도왔다.

큰 바위 얼굴에 얽힌 전설

하의도에는 '큰 바위 얼굴'이 있다. 하의도 피섬(어은리)마을 앞바다에는 작은 무인도 하나가 있다. 주민들은 이 섬을 사자바위라 부르는데 옆모습이 흡사 사람 얼굴 같다. 큰 바위 얼굴 전망대에는 김대중 대통령 내외가 퇴임 뒤 마지막으로 고향을 방문했을 때 찍은 사진이 전시되어 있다. 큰 바위 얼굴은 그래서 김대중 대통령의 상징처럼 느껴지기도 한다.

무인도에 깃든 전설 또한 그래서 더욱 애틋하다. 오랜 옛날 하의도 피섬마을 뒷산에 고승이 암자를 짓고 큰 숫사자를 기르며 수도생활을 했다. 그런데 앞산에서 큰 범이 출몰하여 가축과 사람을 해치는 일이 잦았다. 그래서 스님과 마을 청년들과 숫사자가 합하여 범과 싸웠다.

많은 청년들이 죽었고 숫사자와 스님은 큰 부상을 입었

큰 바위 얼굴 바위에 얽힌 전설에는 세상을 구할 영웅을 기다리는 사람들의 마음이 담겨
있다.

다. 결국 스님은 18일 만에 입적하고 말았다. 숫사자 또한 스님이 죽자 슬픔에 겨워 울부짖다 죽고 말았다.

마을사람들이 양지 바른 곳을 찾아 스님과 사자를 묻으려 할 때 하늘에서 사천왕이 내려와 이 둘을 섬에 안치하라는 부처님의 명을 받고 왔다면서 두 사체를 안고 사라져버렸다.

그때 하늘에서 '때가 되면 온천지를 평안케 할 큰 인물이 나타날 것'이란 소리가 들려온 뒤 섬의 바위는 사람 형상으로 바뀌었다. 그때부터 섬 이름이 사자섬이 되었다고 전한다. 이제 사람들은 그 얼굴을 큰 바위 얼굴이라 부른다. 사천왕이 예언하고 간 그 인물이 혹 김대중 대통령이 아니었을까. 섬사람들은 그렇게 믿고 있다.

07 신도

'한국의 아름다운 해수욕장'이 있는 섶섬

신도로 가는 길은 멀다. 육지에서 바로 가는 배편이 없으니 하의도까지 가서 다시 갈아타야 한다. 하의도에서 신도까지는 하루 두 차례 여객선이 다닌다. 1시간의 뱃길. 주변의 작은 섬들을 들르는 낙도 보조항로다. 마을버스 같은 여객선 신해 11호. 여객선은 하의도 곰실(웅곡)선착장을 출발해 장병도, 문병도, 개도, 대야도를 두루 들른 뒤 신도에 정박한다.

신도는 작고 외진 섬이지만 빼어난 모래 해변 때문에 인근에는 제법 알려져 있다. 평상시에는 더없이 한적하지만 여름 피서철이면 해변은 꽤 북적인다.

원형이 잘 보존된 아름다운 해수욕장

신도해수욕장은 국토부가 선정한 '한국의 아름다운 해수욕장 15'에 뽑혔을 정도로 아름답다. 안태골에 있는 남북 800m 길이의 백사장은 더없이 깨끗하고 호젓하다. 목포에서 43km나 떨어진 낙도라 그토록 빼어난 해변이 난개발되지 않고 원형 그대로 보존될 수 있었다.

섬은 아담하다. 면적 1.68km², 해안선 길이 14km. 큰마을 여객선 선착장에서 안태골까지는 1.5km 남짓 포장도로가 나있지만 다니는 차량이 거의 없어 편히 걸을 수 있다.

섬에는 큰모실(큰마을)과 안태골 두 개의 마을이 있고 40여 명의 사람들이 올망졸망 살아간다. 큰마을 입구 해안가에 노인정이 있다. 노인정은 가정집처럼 편안하다. 할머니 두 분이 앉아 두런거린다. 마을의 많은 노인들이 역귀성을 했다. 명절에는 부모가 자식들을 찾아 뭍으로 가고 자식들은 여름 휴가철에 고향을 찾는다. 이것이 요즘 뒤바뀐 섬의 풍경이다.

할머니는 18세에 하의도에서 신도로 시집을 왔다. 부모가 정해준 대로 신랑 얼굴도 못 보고 왔다. 그래도 신랑은 맘에 들었으니 다행이다. "이쁘께 살았지요." 한번 시집을 오

신도해수욕장 국토부가 선정한 '한국의 아름다운 해수욕장 15'에 뽑힐 정도로 풍광이
빼어난 해수욕장은 목포에서 43km나 떨어져 있어 깨끗하게 보존되고 있다.

면 싫어도 나갈 수가 없었다. "도망도 못 가. 한번 와빌면."

신도는 원래 이름이 '섶섬'이었다. 땔감으로 쓰는 섶이 많
아서였다. 섶이란 잎나무, 풋나무, 물거리 따위의 땔나무를
통틀어 이르는 말이다. 한글 이름을 한자화하면서 섶신 자
를 써서 신도가 됐다. 다른 지역 사람들은 섭섭해서 섭섭이
냐고 놀리고는 했다. 섬사람들은 그렇잖아도 외진 낙도인
자신의 섬이 그리 회자되는 것이 싫었다. 그래서 섶섬보다
이를 한자로 표기한 신도(薪島)로 부르는 것을 좋아한다.

두려움과 숭배의 대상이었던 당숲

신도에도 당숲이 있다. 옛날에는 당제를 크게 모셨는데 지금은 더 이상 모시지 않는다. 당제를 지낼 때 제관은 두 명이었다. 부정 타지 않은 사람으로 뽑았다. 부정을 타지 않았다는 것은 집안에 한 해 동안 초상이 나거나 임산부가 있거나 다른 궂은일이 없었다는 뜻이다.

아이의 출생은 축하할 일인데 임신이 어째서 부정한 일로 여겨졌는지 이해하기 어렵지만 어느 지역이든 당제를 모실 때 임산부는 부정한 자로 간주됐다. 심지어 당제 때는 섬을 떠나게 하거나 피막이란 장소를 만들어 두고 피신을 시키기도 했다. 임산부가 부정하다 여겨서가 아니라 많은 사람들이 북적이는 행사라, 임산부에게 피해가 가지 않을까 싶어 예방 차원에서 그런 것은 아닐까.

뽑힌 제관은 정월 초하루부터 부정한 일이 없었던 마을의 깨끗한 집의 방 한 칸을 얻어 3일 동안 생활하며 정결하게 당제를 준비했다. 집에는 금줄을 쳐서 외부인의 출입을 막았다. 마른 명태를 볶아서 간장에 찍어 맨밥이랑 먹고 일체 다른 음식은 먹지 못했다. 김치도 먹으면 안 됐다. 잔등 넘어 당샘 물을 떠다 음식을 했고 날마다 목욕재계를 했다.

아무 소리도 안 듣고 다른 누구도 안 봐야 부정을 타지 않는다고 여겼다. 마을 사람들도 제관의 눈에 띄면 큰일 난다고 생각해서 피해 다녔다. 당샘 물을 길어오다 혹시 마을 사람이라도 만나면 그 자리에 엎질러버리고 다시 길러 와야 했다. 그만큼 엄숙하고 철저했다.

제관들은 음식을 준비하고 3일째 되는 날 아침 당산으로 가서 제를 모셨다. 과일과 마른 명태, 산나물과 밥만을 올렸다. 고기나 다른 생선은 올리지 못했다. 당산에는 당집이 따로 없어서 당숲 당산나무 아래 돌을 깔아 만든 제단에 음식을 차렸다.

주민들은 당숲의 신이 무서워 숲에 들어가지도 못했다. 제사 지낸 음식 또한 아무도 먹지 못했다. 자주 굶주리던 가난한 시절이지만 그 음식만은 절대 손을 대지 않았다. 손대면 벌을 받는다고 믿었다. "그 밥 묵으면 죽으까 봐 배고픈 시상인디 손도 안댔어. 밥보다 목숨이 훨씬 아까운께."

섬 마을을 보호하지 못한 신

그렇게 정성껏 모시던 당제가 갑자기 없어진 것은 40여 년 전이다. 많은 섬의 당제들이 박정희 군사정권의 미신타파

정책이나 기독교의 유입으로 사라졌다. 하지만 신도에서 당제가 사라진 것은 또 다른 이유였다. 대체 왜일까? 몇 번의 질문에도 마을 노인들은 대답을 주저주저했다. 그러다 겨우 말문을 텄다.

"어째 당제를 잘못 모셨는가 부정이 탔는가 암상토 안한 짐상들이 며칠새 삭 죽어버렸어라. 소가 거품을 물고 쓰러져 불고."

어느 해 당제를 모시고 얼마 후 마을의 짐승들이 일제히 죽어나갔다. 소도, 돼지도, 닭도 큰 마을에서 기르던 가축들이 몰살을 하고 말았다. 1.5km 거리의 잔등너머 안태골 가축들은 멀쩡했다. 아무런 징조도 없었다. 밭을 갈던 소가 그대로 쓰러져 거품을 물고 죽어버렸다.

처음에 죽은 소는 도축을 해서 마을 사람들끼리 요리해 먹었다. 소고기를 먹고도 사람들은 아무 이상이 없었다. 그러다 온 마을의 가축들이 다 죽어 넘어가자 마을에 비상이 걸렸다. 섬사람들은 죽은 가축을 먹지 않고 묻었다.

주민들은 당제를 잘못 모셔서, 부정 타서 그런 거라고 생각했다. 마을 주민들은 제관의 잘못을 집요하게 추궁했다. 마침내 당제를 주관한 제관 중 한 사람이 그해 여름 개고기를 먹었던 사실을 실토했다. 개고기를 먹었으면 당제를 지낼 자격이 안 됐는데 숨겼던 것이다.

주민들은 당숲을 찾아가 다시 제를 올리면서 신을 달래고 또 달랬다. 하지만 가축들은 계속해서 죽어나갔다. 비극은 거기서 멈추지 않았다. 얼마 후부터는 사람들이 하나둘씩 이유도 없이 쓰러졌다.

"싸득싸득 하다가 죽었어."

다들 목포의 병원으로 실려 나갔다. 9명이 떼죽음을 당했다. 하지만 목포의 병원에서는 병명을 알 수 없다고 했다. 교수들도 오고 조사단도 왔지만 동물들이나 사람들이나 죽음의 정확한 원인을 밝혀내지 못했다.

종국에는 외국의 의료기관에 의뢰를 했지만 역시나 원인을 알 수 없다는 답이 돌아왔다는 풍문이 들렸다. 외국에서까지 원인을 못 밝혔다니 공포가 섬을 엄습했다.

그러다 마을 사람들은 끝내 당숲의 신까지 의심하기 시작했다. 당에다 신을 모셨기 때문에 가축도 사람도 죽은 것이 아닐까 의심했다. 당의 신을 모시지 않고 살던 안태골은 모두 무사했기 때문이었다.

마을 주민들이 총회를 열었다. 격론 끝에 더 이상 당제를 모시지 않기로 결정했다. 그 후로는 더 이상 가축도 사람도 죽지 않았다. 주민들은 가축들과 사람들의 죽음이 당제와 관계가 있는지 없는지 확신할 수 없었다. 하지만 당제를 모시지 않아도 재앙이 생기지 않는다는 사실만은 분명했다. 그래서 더 이상 당제를 모실 이유가 없어졌다.

두려움 때문에 당제를 모셨으나 두려움이 없어졌으니 당제도 없어졌다. 마을을, 사람들을 보호해달라고 당제를 모셔왔는데 당숲의 신이 마을과 사람들을 보호하지 못하니 신을 모실 이유가 없어졌다.

어선에 모시는 신을 배서낭이라 한다. 어선의 안전을 지켜달라고 모시는 신이다. 어선들마다 함에 담아 신체를 모셨다. 그런데 갑자기 어선이 거센 풍랑을 만나 뒤집힐 만큼 위급한 상황이 되면 선장은 가장 먼저 배서낭을 바다로 던져 버린다. 쓸모없으면 신도 버려지는 것이다. 섬사람들에게 신은 실용적인 존재다. 섬사람들뿐일까?

괴질이 휩쓸고 간 섬

1986년부터 1988년 사이에 신도에서 발생했던 괴질에 대해 노인들에게 들은 후일담이다. 당시 신도의 괴질은 언론에 크게 보도됐다. 괴질의 정확한 원인은 30년이 지난 현재까지도 밝혀지지 않고 추론으로만 남았다. 1981년 이후 신도에 38마리의 소가 들어갔는데 1988년 당시에는 단 2마리만 살아남고 모두 죽었다. 돼지, 개, 닭 등도 모두 죽어나갔다. 1년 반 사이에 주민 9명도 연속해서 죽어나갔다.

정부는 역학 조사 결과 탄저병이 원인일 가능성이 높게 나타났다고 발표했다. 사람과 가축 공통 전염병에는 탄저병, 야토증, 브루셀라 등이 있지만 폐렴 증상을 보이면서 사람은 물론 모든 가축에게 광범위하고 높은 치사율을 보이는 것은 탄저병뿐이기 때문에 내려진 판단이었다.

오랜 세월이 지났지만 주민들은 여전히 정부의 발표를 전적으로 신뢰하지 않는다. 더 이상 당제도 지내지 않지만 당숲은 여전히 두려움의 대상이다. 괴질사건 당시 200여 명에 이르던 신도의 인구는 사건 이후 급감했다. 두려움 때문에 사람들이 섬을 빠져나가버린 것이다. 다시 신도는 더없이 평화로운 섬이 되었다. 괴질의 공포는 전설 속에 남았고 여전히 떠나지 않고 남은 사람들은 무사히 오늘을 살아간다. 그렇게 섬살이는 지속된다.

08 옥도
근대 최초의 기상관측소

용궁으로 가는 길일까? 옥도 동쪽 해안에는 바다로 들어가는 도로가 있다. 들물이면 바닷속에 잠겨버리고 썰물 때만 드러나는 도로. 섬과 섬을 잇는 도로도 아니고 대체 무슨 연유로 바다로 가는 길이 만들어진 것일까? 용궁에라도 닿고 싶었던 섬사람들의 열망이 길을 냈던 것은 아닐까?

이 도로는 노두길이다. 본래 큰 돌들을 깔아 갯벌 위에 만들었던 징검다리 길이었는데 지금은 시멘트로 포장됐다. 너비 3m, 길이 1km의 이 노두길은 썰물 때면 갯바닥이 드러나 끊겨버리는 뱃길을 살리기 위해서 만든 것이다. 이 길이 만들어진 뒤에야 섬사람들은 썰물 때도 바다로 나가 배를 타고 이동할 수 있었기에 노두길은 생명줄 같은 길이다.

선착장이 만들어진 지금은 옥도 사람들이 낙지를 잡고 게를 잡으러 갯벌을 드나드는 길로 이용된다.

섬사람들의 삶의 터전인 황금 갯벌

"여가 펄이 사방 10리요."

옥도 이장님의 갯벌 자랑에 자긍심이 묻어난다. 옥도의 갯벌은 광활하다. 물이 빠지면 섬 동쪽에만 5.52km²나 되는 거대한 갯벌이 모습을 드러낸다. 4.76km²인 옥도 육지보다 큰 갯벌은 옥도가 가진 가장 귀한 자산이다.

갯벌의 생산력이 산림의 10배, 농토의 100배라고 하니 그야말로 황금 갯벌이다. 섬의 서쪽에도 0.12km²의 갯벌이 있으니 옥도는 그야말로 갯벌 왕국이다.

이 갯벌에서 나오는 옥도 낙지는 목포에서도 최고로 쳐줄 정도로 유명하다. 옥도 낙지는 단골들이 아니면 맛볼 수 없을 정도로 귀한 대접을 받는다. 옥도는 낙지 섬이기도 하다.

옛날부터 갯벌이 삶의 터전이었으니 옥도만의 특별한 어로법도 있었다. 독살과 비슷한 어법인 뻘담어로다. 독살은 갯벌에 돌담을 쌓아 들물에 들어온 물고기들을 썰물 때 가두었다 잡는 함정 어로다. 뻘담 역시 비슷하다.

옥도 갯벌에는 수많은 갯고랑이 있다. 작은 강물처럼 흐르는 이 물길을 옥도에서는 '개'라 한다. 이 개들은 개인 소유가 인정됐고 매매도 가능했다. 송장개, 꾸자리개, 구렁개, 집앞개, 홍애부리개, 갈머리개, 작은개…. 개마다 이름이 있고 주인이 있었다.

개흙에 수수대나 솔가지 등을 섞어 반죽한 뒤 개에 담을 쌓아 올려 네모난 함정을 만든 것이 뻘담이다. 옥도 사람들은 들물 때 뻘담에 갇힌 물고기들을 썰물 때 뻘담을 허물고 잡았다. 지혜로운 어로법이다.

물론 물고기가 많았던 시절에나 가능했던 어로다. 주민들도 노령화 되고 물고기도 예전처럼 많이 들지 않으니 옥도 사람들도 이제 더 이상 뻘담을 쌓지 않는다. 그저 사라지게 두기에는 참으로 귀중한 전통 어법이다.

지금도 옥도 사람들은 갯벌 덕에 생계를 이어간다. 이 갯벌에서 낙지를 잡고 지주식 김양식장을 하고, 전복도 키운다. 옥도에서는 8가구가 갯벌에 긴 말뚝을 박아 김을 키우는 지주식 김양식을 한다. 옥도의 김양식은 1960년대 초 완도의 김진기 형제가 들어와 살면서 시작됐다. 본인들도 김양식을 하고 옥도 사람들에게 기술을 가르쳐주기도 하면서

양식 가구가 늘어났다.

한때는 50여 가구가 김양식을 할 정도로 번성한 적도 있지만 김 가격이 폭락하면서 많은 이들이 김양식을 접었다. 노인뿐인 섬의 막내는 서른 살 청년으로 근래 부모님의 가업인 김양식을 함께하기 위해 귀향했다. 청년들이 더 돌아온다면 옥도의 김양식도 부활하게 될까?

전복양식은 1가구뿐이다. 대다수 노인들은 벼농사나 양파, 고구마 농사를 지으며 가끔씩 갯벌에 나가 낙지를 잡아다 반찬거리를 하거나 팔기도 한다.

옛날 옥도에서는 자염도 만들었다. 천일염전이 만들어지기 전이다. 1956년까지 5~6가구가 자염을 생산했다. 불을 때서 바닷물을 증발시켜 만드는 소금을 자염 혹은 화렴이라고 한다. 자염의 흔적들은 지명으로 남았다. 소금의 옛말은 벗이다. 큰들 앞의 큰들벗과 벌금의 구원벗이 모두 자염을 만들던 곳이다. 지금은 천일염전도 문을 닫고 터만 남아 쓸쓸하다.

남도 최고 옥도 낙지의 수난사

옥도 낙지가 유명한 것은 갯벌 때문이다. 옥도의 갯벌은 부드럽기 한이 없다. 모래가 섞이지 않은 순수한 갯벌이기 때문이다. 부드러운 갯벌에 사니 옥도의 낙지 또한 더할 나위 없이 부드럽다. 갯벌이 부드러우니 낙지의 몸도 단단해질 필요가 없는 까닭이다. 신안 섬들에서도 옥도 낙지를 최고로 쳐주는 이유다.

옥도 주민들은 통발로도 낙지를 잡지만 삽으로 파거나 밤에 불을 밝혀 '화낙지'로 잡기도 한다. 낙지는 야행성이라 낮에는 펄 속에 숨어 있다가 밤에 바다로 나와 먹이 활동을 한다. 그때 불을 밝혀 잡는 것이 화낙지다. 횃불을 밝혀 잡아 화낙지라 했지만 지금은 전등을 비추어 잡는다. 낙지의 섬답게 옛날 옥도에는 맨손낙지나 화낙지 외에도 가래낙지, 빠져나간낙지, 묻은낙지, 홀린낙지 등 다양한 어법들이 행해졌다. 이 또한 기록돼야 할 소중한 어업 유산이다.

그런데 주민들의 주 소득원인 귀중한 옥도 낙지가 근래 들어 씨가 마를 지경이 됐다. 3년 남짓 목포의 어선들 5~60척이 밤마다 몰려와 주낙(연승어업)으로 낙지를 싹쓸이해버린 탓이다. 그때는 밤이면 옥도 앞바다가 전등을 밝힌 어선들로 인해 불바다였다. 눈앞에서 낙지를 강탈해 가는 것을 보고만 있어야 했으니 옥도 주민들 속에도 열불이 났다. "해경은 단속을 안 하고, 섬에 젊은 사람들이 없으니 맨날 당하기만 해요. 힘이 없으니."

같은 신안의 섬 선도 또한 약탈적인 외지 배들 때문에 골머리를 앓았는데 다행히 선도에는 젊은 사람들이 많아 자기 갯벌과 낙지들을 지킬 수 있었다. 이장님은 선도가 한없이 부럽기만 하다.

그래서 다시 낙지 어장을 복원하기 위해 해수부의 지원을 받아 낙지 목장 사업을 시작했다. 6,000만 원을 주고 어미 낙지 4,000마리를 사다가 바다 한가운데 그물을 치고 가둔 뒤 산란을 시켰다. 이 낙지 목장에서 태어나 옥도 갯벌에서 자란 낙지들 또한 목포 배가 와서 잡아간다.

"목장에서 기르는 거니까 옥도 재산이에요. 그걸 강탈해 가는 거지." 이장님은 속이 탄다.

산란한 어미 낙지는 새끼들에게 자기 몸을 먹이로 내어주고 죽는다. 산란철에는 어미 낙지 몸에 새끼 낙지들이 거미 떼처럼 달라붙어 뜯어 먹는 모습을 볼 수 있다. 1~2주 정도 어미의 살을 먹고 자란 낙지들은 어미가 형체도 없이 사라지면 그물을 빠져나가 옥도 갯벌로 스며든다.

그 낙지들 또한 어미가 되면 새끼들에게 제 몸을 온전히

옥도 갯벌과 낙지탕탕
이 옥도의 부드러운 갯
벌 덕분에 옥도 낙지는
비할 데 없이 부드러운
식감을 자랑한다. 이 때
문에 최고의 낙지라는
찬사를 받기도 하지만,
낙지를 잡으러 몰려오는
외지 사람들 때문에 속
이 타기도 한다.

다 내어주고 소멸해갈 것이다. 한 목숨 죽어야 한 목숨 살아지는 생태계의 법칙. 무엇을 잔인하다 할 것이며 무엇을 아프다 할 것인가? 목숨들은 그렇게 담담하게 태어났다 담담하게 스러져가는 것이 아니던가?

왕(王) 자가 옥(玉) 자가 된 사연

옥도에는 61가구 119명의 주민들이 살아간다. 섬은 여산 송씨 집성촌이다. 한때는 1,000여 명 가까운 사람들이 살았던 적도 있지만 점차 줄어들어 지금은 조선 중기 때 수준으로 적어졌다. 『여지도서』(1759년)에 21호 103명이 살고 있다고 기록되어 있으니 옥도는 다시 조선시대 인구로 돌아간 셈이다.

옥도에는 짓제산, 갈마산, 망마산이 나란히 뻗어 있어 위에서 보면 임금 왕(王) 자 모양처럼 보인다. 그런데 어느 날 갑자기 갯벌 한가운데 꾸자리섬(구두도)이 솟아나는 바람에 구슬 옥(玉) 자 모양이 돼버렸다. 그래서 섬 이름도 옥도다. 『동국여지승람』에는 구슬도로 기록되어 있다. 아마 옥도의 이름 유래와 관련해서도 슬픈 전설이 깃들어 있었으리라. 왕조시대 반역향으로 낙인찍힐까 두려워 전설도 자취를 감추어버린 것이 아닐까.

완도의 당사도 또한 임금 왕자 모양이다. 그래서 그 섬에서 왕이 나올 거라는 예언이 있었다. 하지만 어느 날 바로 옆에 점 복(卜) 자를 쓰는 복생도가 솟아나는 바람에 왕 자모양이 구슬 옥자로 변해 버렸고, 당사도에서 왕도 나오지 못했다고 전해진다. 옥도 또한 불평등한 세상을 뒤엎고 새로운 나라를 꿈꾸던 이들이 숨어 살았던 것은 아닐까. 그들의 꿈은 끝내 좌절되었을 테지만.

일본 군사기지와 기상관측소

옥도는 조선이 망하기 전에 이미 일본 해군에게 점령당했던 뼈아픈 역사의 땅이다. 옥도해역은 사방팔방으로 뚫려 있다. 옥도해역을 한때 팔구포라 불렀다. 옥도를 기점으로 주변에 여덟 방향으로 물길이 열려 있어 팔구포라 한 것이다. 팔구포는 큰바다는 물론 목포 인근 바다로도 이어져 대륙 침략을 위한 최적의 물길이었다. 구한말 대륙 침략을 준비하던 일본이 옥도에 눈독을 들인 것은 그런 지정학적 위치 때문이었다.

1894년 청일전쟁 때부터 일본 해군은 옥도를 점령해 군사기지로 활용하기 시작했다. 1885년에는 영국군에게 거문도를 점령당했고, 약 10년 뒤에는 일본에 옥도를 빼앗겼으니 이때 이미 조선은 더 이상 주권국가가 아니었다.

러일전쟁 시기(1904~1905년)에도 일본 해군은 옥도를 적극 활용했다. 그들은 옥도에 '팔구포방비대'라는 해군기지를 건설했다. 그 흔적들이 아직도 남아 있다.

일본군이 옥도에 기지를 설치한 또 하나 중요한 이유는 옥도의 풍부한 물 때문이었다. 급수지로 옥도를 활용한 것이다. 러일전쟁 시기에 일본 함대가 옥도에 들어와 9개의 우물을 팠다는 기록이 남아 있다.

일본군은 옥도에 군사기지만이 아니라 기상관측소도 설치했다. 러일전쟁 당시 일제는 만주와 조선의 요지에 기상관측소를 설치해 군사작전에 활용했는데 목포, 부산, 인천 등 6곳에 임시 관측소를 설치했다.

1904년 3월 25일 목포 서남쪽 해상에 위치한 옥도에는 제2기상관측소가 설치됐고 러일전쟁이 끝난 뒤 1906년 4월 옥도 기상관측소는 목포로 이전해 목포기상대로 이어졌다. 옥도의 기상관측소는 '고랫목'이라고 부르는 언덕에 설치됐었는데 빈터만 남았다가 근래에 다시 관측 시설이 들어섰고

기상청은 '근대 기상 업무의 시발점이 된 터'라는 표지석을 세웠다.

고랫목은 해변으로 고래가 떠내려왔던 곳이라 해서 붙여진 이름이다. 망마산 아래 기상관측소 부근에는 일본인 목욕탕도 남아 있다. 가로 9m, 폭 2.4m 크기의 석조인데 아직도 물이 고여 있다. 일본 해군들이 목욕하던 시설로 이 목욕탕 바로 위에 일본 해군이 팠던 9개의 우물 중 하나가 남아 있다. 항아리를 묻어 만든 우물인데, 항아리에는 아직도 수맥을 따라 흘러온 물이 고이고 있다.

기억해야 할 옥도 의병

옥도에는 구한말 의병 이야기도 전해진다. 1909년 7월 3일 의병 16명이 옥도의 일본인 소익원길미의 집을 습격했다는 기록이 남아 있다. 1909년 2월 24일에는 소안 출신 동학군 이준화, 해남 출신 이진 등 의병 5~6명이 완도의 자지도(당사도) 등대를 습격해 일본인 등대 간수 4명을 사살하고 주요 시설물을 파괴했다. 옥도나 당사도나 섬지역의 의병 활동으로는 드문 기록이다. 반드시 기억해야만 할 의거들이다.

저물어가는 옥도 들녘에서 노인 한 분이 고구마를 캐고 있다. 고구마색이 하얗다. 요즘 흔한 자색이 아니다. 어릴 적 고향 섬에서 맛보던 그 고구마다. 물고구마라 부르던, 엿보다 달았던 고구마. 요즘 보기 드문 귀물을 다시 만났다.

"이게 500년 된 고구마요. 우리 할아버지의 할아버지 또 그 할아버지 때부터 심었던 거지. 솥에 쪄 놓으면 엿보다 달아. 다른 섬에 심으면 그 맛이 안나." 송의흠 어르신의 옥도 고구마 자랑이 끝이 없다. 그렇게 섬의 가을이 깊어간다.

09 도초도
육지처럼 드넓은 고란평야

도초도 선창가. 동백이 곧 날아갈 태세다. 꽃 진다 슬퍼마라. 꽃이 지는 것은 결코 시간에게 지는 것이 아니다. 승천하는 거다. 꽃들의 승천이 난무하는 섬마을의 봄날. 목포에서 쾌속선을 타고 도초도로 건너왔다. 가장 먼저 반겨주는 것은 선창가 민박집 화단의 늦게 핀 동백이다.

느린 카페리호로 3시간 거리를 쾌속 여객선으로 오면 50분. 교통이 편리해질수록 섬과 육지의 거리도 가까워진다. 섬과 육지의 거리는 공간의 거리가 아니라 시간의 거리다. 육지와 가까운 섬도 운항하는 여객선의 횟수가 적고 느린 배가 다니면 먼 곳이다. 반대로 공간적으로 더 먼 거리의 섬도 쾌속의 여객선이 다니면 더 가까운 곳이 된다. 섬에 더 빠른 여객선이 더 자주 다닐 수 있게 해주는 것이야말로 섬의 고립을 완화시켜주는 묘약이다.

먼바다로 나가는 관문

도초도는 내해에서 외해로 나가는 관문이다. 그래서일까. 도초도와 비금도를 이어주는 연도교의 이름도 서남문대교다. 1996년에 개통된 서남문대교는 그야말로 서남쪽 바다로 나가는 문이다. 도초도를 벗어나면 큰 바다가 나타난다. 잔잔한 내해와 달리 외해는 파도가 높고 거칠어 자주 뱃길이 끊긴다. 도초도 바다를 건너야 흑산도와 홍도, 가거도 등 외해의 섬으로 갈 수 있다.

도초도의 관문은 화도리다. 화도는 불섬이다. 여객선은 불섬항을 통해 들어오고 나간다. 본래 화도리는 불섬이라는 별개의 섬이었던 것이 도초 본섬과 다리로 연결되면서 하나가 됐다. 지금도 화도와 도초 본섬 사이에는 수로가 흐른다. 도초도 들판에 흐르는 농수로의 물들이 이 수로를 통해 바다로 흘러든다. 언젠가 이 수로를 따라서 거룻배를 타고 도초도 내륙 깊숙이 들어가면 얼마나 호젓할까 하고 꿈꾼 적이 있었다. 신안군에서 수국공원까지 수로를 따라가는 뱃길을 만들 예정이란 풍문을 들었다. 더없이 반가운 일이다.

화도는 면소재지는 아니지만 도초도의 가장 번화한 곳이었다. 1970년대 말까지 제빙공장과 조선소, 어묵공장 등이 있었다. 화장품가게도 있었고 양조장도 있었다. 지금 양조장은 영암의 삼호로 옮겨가 삼호막걸리란 상표로 술을 빚어내고 있다. 도초도의 양조장은 사라졌지만 그 전통의 기술로 빚은 술은 여전히 전승되고 있으니 그나마 다행스런 일이다.

영암이나 목포 시내에 가면 삼호막걸리 맛을 볼 수도 있다. 섬에서 이어지던 막걸리를 여전히 맛볼 수 있다는 것은 큰 행운이다. 나도 목포에 가면 도초도 양조장의 기술로 빚어진 삼호막걸리를 즐겨 마신다. 탁주지만 탁한 기운이 없고 맑고 청량하다.

농토만큼 넓은 소금밭

도초도는 농토만큼이나 염전이 많은 섬이기도 하다. 이웃섬 비금도에서 호남지방의 천일염이 가장 먼저 시작된 영향도 크다. 외남리의 도남염전, 수항리의 신일염전, 만년리의 대광염전 등이 있다. 염전은 모두 개인 소유인데 개인별로 대략 15,000m~30,000m 정도를 소유하고 있다.

도초도 염전 이웃 섬인 비금도의 영향으로 도초도에서도 제염업이 발달하여 큰 염전들
이 많다.

염전의 소금은 보통 3월 20일경부터 10월 말까지만 만든다. 그렇다고 겨울에 쉬는 것은 아니다. 겨울철에는 염전의 소금판을 개간해야 한다. 경운기로 흙을 뒤집은 뒤 다시 판판하게 다지는 써레질을 한다. 이 작업을 해주지 않으면 염생식물이 자라고 염전의 흙이 썩어버리기 때문이다.

과거 염전을 운영하는 집안에서는 해마다 염전 고사를 지냈다. 음력 3월 3일경부터는 소금을 만들 바닷물을 끌어올리기 때문에 고사는 보통 음력 3월 10일 전에 지냈다. 온갖 음식을 장만해 제를 지내고, 염부들과 마을 사람들을 대접했다. 이제는 더 이상 고사를 지내지 않는다.

여름철 장마 직후 만들어지는 소금이 가장 좋은 소금으로 꼽힌다. 염분 농도가 낮아서다. 그래서 주민들도 이때 만들어진 소금을 주로 먹는다.

섬이라는 사실을 잊게 하는 고란평야

도초도는 도치도란 이름으로도 불렸다. 조선시대 도초도는 나주, 완도, 지도, 진도 등에 속했다가 1914년 행정구역 개편 때 무안군이 됐다. 1969년 무안군의 섬들이 묶여 신안군으로 분군되면서 신안군 소속으로 현재에 이르고 있다.

도초도는 법정리가 10개 , 행정리가 30개, 자연부락이 37개나 되는 제법 큰 섬이다. 44.05km²의 땅에 2,700여 명의 주민들이 살아간다. 논이 9.64km², 밭은 4.74km², 임야가 22.00km²이다. 농토의 대부분은 간척지다. 논의 면적만 여의도의 3배가 넘을 정도라 섬사람들은 농사를 주업으로 하며 살아간다.

도초도 고란리의 고란평야는 신안군에서 가장 너른 평야다. 가장 높은 산이 219m의 금성산이다. 남쪽으로는 산지가 형성되어 태풍을 막아주고 북쪽과 서쪽에 구릉지와 평야지대가 있다. 아마도 이런 지형적인 특성이 도초도에서 농사가 발달한 원인이기도 할 것이다.

고란평야에 들어서면 도초도가 섬이라는 느낌이 전혀 들지 않는다. 내륙의 어느 평야지대에 온 듯한 착각이 들 정도로 들판이 드넓다. 도초도는 옛날부터 오랜 세월 조금씩 조금씩 간척을 해서 현재의 모습이 됐다.

고란평야가 넓으니 도초도에 천석꾼이 있었다는 전설 같은 이야기도 전해진다. 요즈음은 쌀값이 형편없어졌지만 옛날에는 쌀이 곧 돈이었고 부의 상징이었다. 특히나 논이 드물었던 섬 지역에서 쌀의 가치는 말할 수 없이 높았다. 지금은 쌀 한 말을 팔아봐야 횟감 생선 한 마리를 사기도 힘들지만 과거에는 생선 한 광주리 가져가도 쌀 한 되를 얻기 어려웠다. 신안의 섬들 중 그 귀한 쌀이 가장 많이 생산되는 마을이었으니 고란리는 부촌이었다. 그래서 예전에는 고란리가 도초도의 행정 중심이었다. 지금은 옮겨갔지만 면사무소도 고란리에 있었다.

시간의 흔적이 켜켜이 쌓인 진짜 옛 돌담길

고란리의 돌담들은 섬에서는 보기 힘든 토담이다. 섬의 돌담들은 대부분 돌만으로 쌓은 강담이다. 그런데 고란리는 마을 전체의 담이 토담이다. 토담은 쌓는 데 강담보다 비용과 정성이 더 많이 들어간다. 고란리의 농토에서 나온 쌀이 있었기에 가능했던 돌담들이다.

고란리 골목에는 내륙 어느 큰 부잣집의 돌담 같은 거대한 돌담도 고스란히 보존되어 있다. 돌담에 대한 주민들의 애착이 강해서 어느 한 집 돌담을 허물지 않고 아직도 잘 보존하고 있다.

이토록 완벽하게 보존된 돌담마을은 드물다. 고란리 돌담들은 등록문화재로 지정된 다른 섬들의 돌담보다 규모도 크고 원형 보존 상태도 좋다. 마을 어르신에게 여쭈니 "옛날부터 이 마을은 돌담을 잘 쌓았다"는 대답이 돌아온다.

고란리마을 돌담길을 거닐다 보면 어느 먼 옛날로 시간 여행을 온 듯한 환상에 사로잡히게 된다. 관광용으로 새롭게 정비된 돌담이 아니라 시간의 흔적이 켜켜이 쌓인 진짜 옛 돌담. 한국 최고의 돌담 섬인 여서도의 돌담만큼이나 감동적이다. 다른 섬들의 돌담들과 달리 강담이 아니라 토담이라서 더욱 희귀하고 보존 가치도 크다.

고란리는 고란과 난말 두개의 자연마을로 이루어져 있

고란리 토담 고란리 돌담은 섬 지방에서는 보기 드문 토담 형태이고, 3~400년 된 오래된 담까지 원형대로 잘 보존되어 있어 가치가 높다.

다. 난초가 많이 나던 마을이라 해서 고란이란 이름을 얻었
다고 전해진다. 1598년(선조 31년)경 장흥 고씨, 김해 김씨,
창원 황씨 등이 들어와 정착하며 마을이 형성됐다고 하니
어떤 돌담들은 3~400년 된 것도 있을 것이다. 돌담에 붙은
이끼까지도 문화재인 셈이다.

마을 수호신인 석장승

고란리 입구, 마을과 고란평야를 나누는 경계 지점인 장석
거리(삼거리)에는 커다란 석장승 하나가 서 있다. 석장승은
장석 혹은 벅수라고도 부르는데 실제로 고란마을의 수호신
역할을 했었다. 갓을 쓰고 도포를 입은 모습이다. 장승, 벅
수의 기능은 벽사와 비보 즉, 나쁜 귀신을 물리치거나 지형
의 부족한 점을 보충해주는 것이다.

　옛날 어느 해 고란리에 괴질이 돌았다. 마을 사람들이 시
름시름 앓다가 영문도 모르고 죽어나갔다. 그때 어떤 선비(도
승이라고도 한다)가 마을을 지나다 사정을 듣고 마을 입구에 장
승을 세우면 괴질이 사라질 것이라 했다. 주민들은 급하게 나
무를 깎아 장승을 세웠고 그러자 괴질도 사라졌다고 한다. 그
후부터 석장승은 마을의 수호신이 됐다.

지금의 석장승은 1938년
경 도초도에 살던 석공을 불
러 다시 세운 것이다. 마을에
서 목장승을 석장승으로 바
꾸기로 한 것은 밤이면 초분
골에서 귀신들이 내려와 가
벼운 목장승을 가지고 논다
고 생각했기 때문이었다. 장
승의 재료인 화강암은 마을
주민들이 난말에서 직접 끌
고 왔으며 석장승을 세운 뒤
에는 소를 잡아 바치고 제를
드렸다고 전한다.

고란리 석장승 석장승은 키가 290cm
나 되는 거인이다. 마치 마을의 수문장이
나 수호신처럼 우뚝하다.

석장승은 고란마을의 당제 때 하당신의 역할도 했다. 집
안에 병자가 생겼을 때나 아들을 낳고 싶을 때면 장승 앞에
움막을 쳐놓고 무당을 불러다가 며칠씩 정성을 드리며 굿을
했다고도 한다. 석장승은 고란마을의 진짜 수호신이었던 것
이다. 고란리 토담과 함께 석장승은 오늘도 우뚝하다. 고란
리는 오래된 마을이 그 자체로 문화재란 사실을 일깨워준다.

10 비금도

호남 천일염전의 시작, 시조염전

비금도의 대표 명사는 섬초와 천일염 그리고 이세돌이다. 섬초는 겨울 시금치를 브랜드화해서 전국적인 명성을 얻은 것이고, 호남지방의 천일염은 비금도가 그 시초다.

1980년대부터 비금도 인근 사람들은 시금치를 상업적으로 재배했는데 비금 농협에서 1996년 3월 섬초로 상표 등록을 하면서 시금치 매출이 급등해 다음 해에는 두 배로 뛰었다. 브랜드의 힘이기도 하지만 찬바람을 견디고 자란 섬 시금치의 달고 고소한 맛이 도시인들의 입맛을 사로잡은 것이 원인이다. 겨울 섬의 노지에서 자란 잎이 두툼한 시금치를 맛보면 내륙의 밭에서 자란 시금치는 심심하게 느껴진다.

비금도는 또 알파고와의 세기적인 대결로 세계를 떠들

썩하게 했던 바둑 천재 이세돌의 고향이기도 하다. 이세돌은 세계대회에서 18차례나 우승했고 국내대회에서도 32차례 우승했다. 이세돌은 비금도의 교사 출신 농부였던 아버지 이수오로부터 바둑을 배웠다. 아버지는 아마 5단이었는데 아침마다 바둑 문제를 주고 밭에 일하러 갔다고 한다. 큰형 이상훈도 프로 기사다. 비금도 지당리에는 이세돌바둑기념관이 있다.

10개의 아름다운 모래 해수욕장

비금도는 이웃 섬 도초도와 1996년 개통된 서남문대교로 이어져 한 섬이나 다름없이 살아간다. 비금도는 여의도의 15배쯤 되는 땅에 3,500여 명이 거주하는 제법 큰 섬이다. 해안선 길이도 86.4km나 된다. 다도해해상국립공원에 속한 비금도에는 원평, 하누넘해변 등 10여 개의 아름다운 모래 해수욕장이 있다.

　유명세를 가장 크게 탄 곳은 드라마 '봄의 왈츠' 촬영지였던 하누넘해변이다. 하트 모양을 하고 있어 하트해변으로도 불리는데 연인이나 부부가 하누넘에 가면 헤어지지 않고 '영원히 심장에 남는 사람이 된다'는 전설 같은 이야기도 있다.

하누넘해변은 유명하지만 더없이 한적한 해변이다. 근처에 숙박이나 식당 등 편의시설이 없어서 실제 해수욕객들이 많지 않기 때문이다. 여행자들은 대부분 고갯마루에서 하트 모양의 해변 사진만 찍고 돌아간다.

비금도는 섬의 모습이 새가 날아가는 것 같다 하여 날 비(飛), 새 금(禽) 자를 써서 비금도란 이름을 얻었다고 전해진다. 그런데 이런 이름 유래를 들을 때마다 궁금해진다. 옛사람들은 하늘을 날아다니는 재주라도 있었던 것일까? 비행기도 드론도 없던 시절에 대체 어떻게 섬의 모양이 날아가

비금도 하누넘해변 10여 개의 아름다운 해수욕장 중 가장 유명한 곳이다. 하트 모양을 하고 있어 연인이나 부부가 많이 찾는다.

는 새처럼 생긴 것을 알았을까? 인근 섬에 높은 산도 없는데 말이다.

한자 이름의 뜻풀이만으로 섬 이름의 유래를 이야기하는 것은 부정확하다. 한글 이름을 한자화하는 과정에서 왜곡된 경우도 많기 때문이다. 실제로 비금도는 본래 하나의 섬이 아니었다. 여러 작은 섬들이 오랜 세월 수많은 간척으로 이어져 하나가 된 것이다. 100여 년 전에는 현재 비금도의 논과 염전의 대부분이 바다였다. 100여 년 동안 간척으로 갯벌이 땅으로 바뀐 것이다.

여름이면 피서객들이 가장 많이 찾아가는 곳은 원평해변이다. 10리나 되는 모래밭이 펼쳐져 있어 명사십리라고도 불린다. 더없이 평화롭고 아름다운 원평해변은 일제강점기까지만 해도 어선들로 북적거리던 어항이었다.

강달이파시가 열리던 원평

비금도에서는 강달이를 잡기 위해 몰려든 어선들로 '원평파시'가 열렸다. 파시는 조기, 민어, 삼치, 강달이 등 무리를 지어 이동하는 회유성 어류들로 인해 생겨났다. 어선들은 산란을 위해 회유하는 물고기 떼를 쫓아다녔고 상인들은 어선들을 쫓아가며 생필품과 어구를 공급해주고 물고기를 사들이는 장사를 했다. 처음에는 어선들이 조업하는 해상에서 거래가 이루어져 파도 위의 시장, 파시로 칭해졌다. 그러다 어장 인근의 섬에 어장철마다 임시로 시장이 형성되면서 본격적인 파시가 열렸다.

『조선왕조실록』의 지리지에는 세종 때부터 파시평이란 지명이 등장한다. 파시의 역사가 조선시대 이전부터 시작됐을 것으로 추정되는 이유다.

한국의 대표적인 파시는 조기파시였다. 서해안 3대 파시로 흑산도, 위도, 연평도 조기파시가 꼽힌다. 조기파시는 동중국해에서 월동한 조기 떼가 산란을 위해 서해안으로 북상할 때, 봄철 3개월 남짓 열리던 파시였다. 이때는 전국 각지에서 몰려든 어선과 상선 수천 척이 흑산도, 위도, 연평도로 몰려들어 섬은 그야말로 해상도시를 방불케 할 정도로 북적거렸다. 겨울에 텅 비었던 해변에 여름 피서철이 되면 수많은 임시 상점들이 생기고 피서객들이 몰려와 북적이는 모습과 비슷하다. 그러다 파시가 끝나면 피서가 끝난 해변처럼 섬들도 다시 조용하고 쓸쓸해졌다.

3대 파시 외에도 서남해의 법성포와 녹도의 조기파시,

가거도와 추자도의 멸치파시, 덕적도, 굴업도, 임자도의 민어파시, 재원도의 부서파시, 비금도의 강달이파시, 거문도의 삼치파시, 청산도의 고등어파시, 조도 섬등포의 꽃게파시, 동해안의 울릉도와 영덕 축산항의 오징어파시 등 전국 각지에서 파시가 섰다.

그토록 융성했던 파시 문화가 사라진 것은 인간의 탐욕으로 파시가 열리던 섬 주변의 어장이 고갈된 탓도 있지만 어선이 대형화 되고 속력이 빨라지면서 중간 경유지로서 파시의 기능이 필요 없어졌기 때문이었다. 어선들이 냉장 시설에 생선을 보관했다가 육지로 가져가 바로 팔고 육지에서는 어구와 생필품을 사서 싣고 나가 조업을 하게 된 것이다.

조기 떼가 연평바다로, 민어 떼가 덕적도 앞바다로 산란을 하러 갔던 것처럼 강달이는 비금도 앞바다로 산란을 하러 찾아들었다. 강달이는 갯벌 바닥에 사는 물고기다. 원평마을 앞바다에는 모래와 펄이 섞인 너른 혼합 갯벌이 있는데 이곳이 풀등이다. 이 풀등이 바로 강달이의 산란장이었다. 이것이 원평으로 어선이 몰려들었던 이유다. 포구에는 수백, 수천 척의 어선들이 몰려와 성시를 이루었다.

송치로 이어진 강달이파시

파시가 열리던 어느 해 폭풍이 원평해안에 정박해 있던 목선들을 덮쳤다. 이 폭풍으로 목선들이 모두 파손되고 말았다. 그 후 어선들이 파도의 위협으로부터 안전한 장소를 찾아 옮겨가면서 원평파시는 사라지고 말았다.

어선들이 다시 찾은 정박지는 비금도의 관문인 수대리 송치해변이었다. 그렇게 송치파시가 생겨났다. 일제강점기는 파시 철에만 가건물이 들어서 장사를 했다. 하지만 1950년대부터 정식 건물들이 들어서기 시작했고 송치는 포구로 성장했다.

송치파시는 4~6월에 열렸다. 파시 때는 전국의 모든 배가 몰려들 정도였다. 송치파시에 들어선 술집에서 일하는 색시들만 100명이 넘었다. 강달이 철이 지나면 병어와 젓새우 철이 찾아왔고 송치는 내내 성황을 이루었다. 하지만 40여 년 전 파시가 사라진 뒤 송치는 다시 한적한 어항이 되고 말았다.

비금도 강달이파시의 주인공인 강달이는 언뜻 보면 조기새끼처럼 생겼다. 그래서 조기 새끼가 아니냐는 풍문도 있었지만 엄연히 조기와는 다른 종이다. 강달이는 머리가 둥

글고 몸이 통통하다. 조기는 머리가 뾰족하고 몸도 늘씬하다. 또한 30cm까지 크는 조기와는 달리 강달이는 다 자라봐야 몸길이가 9~15cm 정도밖에 안 되는 민어과의 아주 작은 바닷물고기다.

강달이는 흔히 황새기라 부르는 황강달이와 동일시되기도 하지만 두 종 또한 비슷하지만 다르다. 황새기도 황석어, 황실이, 민강달이, 강달이, 깡달이, 황석수어 등의 이름으로 불려지니 전문가가 아니고서는 실상 두 종을 구분하기란 쉽지 않다. 강달이와 황새기를 사촌 정도로 알면 된다. 맛도 모양도 비슷하고 잡히는 지역도 비슷하다. 통칭해서 강달이류로 보면 된다.

강달이는 주로 젓갈을 담거나 구이나 조림으로 많이 먹는다. 강달이튀김은 남도사람들이 즐기는 조리법이다. 강달이는 조기보다 깊은 맛은 덜하지만 더 부드럽다.

수대리 길 옆에는 송치파시의 화려했던 전성기를 알려주는 건물이 한 채 있다. 수대리의 옛 농협 건물이다. 한때 비금도 금융의 심장이었던 곳이다. 건물은 일제강점기에 비금도 금융조합 건물로 쓰였으니 근 100여 년 가까이 된 근대유산이다.

비금도 옛 금융조합 건물 신안군에 남은 유일한 근대 금융조합 건물로 보존 가치가 높다. 현재는 개인 창고로 이용되고 있다.

대한금융조합연합회가 해산된 뒤에는 농업은행 건물로, 또 농업은행이 농협과 합병된 뒤에는 농협 건물로 쓰이다 방치돼 현재는 개인 소유로 넘어가 창고로만 이용되고 있다. 등기부 등본을 열람해보니 1995년 4월 1일부로 대지는 개인 소유가 됐으나 건물은 등기도 안 되어 있고 건축물 대장조차 없다.

연평도 포격 사건 이후 1930년대 지어진 연평도 어업조합 건물이 헐려 버리고 신식 농협 건물이 지어진 것을 지켜봤다. 지금도 수많은 섬의 문화유산들이 소리 소문 없이 사라져 간다. 주로 지자체가 문화유산의 가치를 모르거나 무심하게 방치해버린 탓이 크다. 비금도 금융조합 건물은 꼭 지켜져야 한다. 이것은 신안군에 유일하게 남은 금융조합 건물이다. 문화재로 등록되고 송치파시를 기념하는 어업박물관으로 쓰이면 더 바랄 나위 없겠다.

한국과 중국의 교류가 이루어지던 섬

비금도는 중국과 한국 사이를 오가는 횡단 항로상에 위치해 있었다. 그래서 중국의 기록에도 비금도가 등장한다. 송나라 때 사신단 일행으로 고려를 방문했던 서긍은 1123년(인종 1년) 사신으로 고려에 들어와 개경에 1개월간 머무르다가 귀국한 뒤 고려의 정세보고서 격인 『선화봉사고려도경』을 남겼다. 서긍의 책 『고려도경』에는 가거도, 임자도, 선유도 등 항로의 여러 섬들과 함께 비금도가 등장한다. 당시 비금도는 죽도(竹島)로 불렸다. 서긍 등 송나라 사신단 200여 명은 중국과 고려의 개경을 오가는 도중에 죽도(비금도)에 정박해서 유숙했고, 이를 기록으로 남겼다.

이날 오후 7시가 다 되어 배가 죽도에 이르러 정박하였다. 산은 여러 겹이고 숲의 나무들은 푸르고 무성하였다. 그곳 역시 주민들이 있고 우두머리가 있었다. 산 앞에는 흰 돌로 된 암초 수백 덩어리가 있는데 크기가 같지 않은 것이 흡사 쌓아놓은 옥과 같았다. 귀로에 사신이 이곳에 이르렀을 때 마침 추석 보름달이 떠올랐다. 밤은 고요하고 물결은 잔잔한데 밝은 노을이 비치고 비낀 달빛이 천 길이나 되어, 섬과 골짜기와 배와 물건들이 온통 금빛이 되었다. 모든 사람이 일어나 춤추고 그림자를 희롱하며, 술을 따르고 피리를 부니 마음과 눈이 즐거워서 앞에 먼바다가 놓여 있는 사실도 잊을 정도였다.

신라 말 당나라로 유학을 가던 고운 최치원 또한 비금도에 들렀다는 이야기가 전해진다. 그래서 비금도에는 고운정이란 이름의 샘도 남았다. 물경 1,000여 년이 넘은 샘이다. 고운은 868년(경문왕 8년) 12세에 중국 당나라에 유학을 떠나 7년 만인 874년에 과거에 합격했고 879년 황소의 난 때 「토황소격문」을 지어 중국에 이름을 날렸다. 29세인 885년 신라에 돌아와 관리로 일하며 894년에 진성여왕에게 시무10조를 올려 정치 개혁을 건의했지만 실패했다.

결국 최치원은 40세 무렵 관직을 버리고 전국을 방랑하며 살았는데 이 과정에서 유교, 불교, 도교의 3교를 융합한 풍류도를 완성했다. 이후 가야산으로 들어가 종적을 감추었다. 신선으로 추앙받았으며 전국 각지에 신선설화를 남겼다.

비금도에 남은 최치원의 설화 역시 같은 맥락에서 생긴 것일 터다. 고운이 당나라로 유학을 가던 중 배의 식수를 보충하기 위해 비금도에 들렀다. 그때는 비금도에도 가뭄이 들어 주민들이 극심한 식수난에 시달리고 있었다. 고운이 수도리 뒷산 봉우리를 파면 물이 나올 것이라 점지해서 땅을 팠더니 물길이 치솟아 비금도의 가뭄이 해소됐다. 그래서 그 샘을 고운정이라 했다는 것이 고운정에 깃든 설화의 골자다.

12살짜리 어린아이가 무슨 대단한 신통력이 있어서 물길을 찾아냈겠는가? 아마도 후일 고운이 신선으로 추앙받으면서 생겨난 설화일 것이다. 최치원이 산신령과 바둑을 두었다는 우이도의 바둑바위 설화 또한 같은 맥락에서 생긴 것이다.

이런 설화는 비금도, 우이도 등이 중국을 왕래하던 선박들의 중간 경유지였다는 증거이기도 하다. 비금도의 전통

사찰 서산사 역시 고려시대 말에 처음 세워졌다는 구전이 내려오는데 외딴 섬에 제법 큰 규모의 절이 있었다는 사실 또한 비금도에 당시에도 많은 사람들이 살았고 외부와 교류가 활발했다는 증거이기도 하다.

호남 최초의 천일염전을 일군 박삼만

여객선은 비금도의 송치항과 가산항으로 드나든다. 압해도 송공항으로 배가 오가는 가산항에는 수차를 돌리는 인물의 동상이 세워져 있다. 장군이나 위인으로 이름을 떨친 인물도 아니고 평범해 보이는 섬사람의 동상이 세워지는 경우는 드물다. 주인공은 박삼만으로, 호남 지역에 최초로 천일염전을 도입한 공로로 세워진 동상이다.

그 이전에도 비금도에서는 소금이 만들어졌었다. 전통적인 방식의 화렴이었다. 장작불을 때 바닷물을 증발시켜서 만드는 화렴은 비용도 많이 들고 생산량도 적었다. 그에 비해 효율적으로 많은 양의 소금을 생산할 수 있는 천일염전은 섬사람들의 큰 소득원이 됐다.

조선 최초의 천일염전은 인천 주안염전이었다. 1907년 주안에 10,000m² 가량의 시험 염전을 만들어 성공한 뒤

1912년 330,000m²의 천일염전이 조성됐다. 일제강점기에는 조선총독부가 천일염전의 개발을 독점했는데 주로 경기 이북 지역과 평남 광양만 일대를 집중 개발했다.

남부 지방은 강우량이 많아 생산성이 떨어졌기 때문에 강우량이 적은 북부 지방에만 천일염전을 조성했다. 그래서 호남 지역에는 천일염전이 없었다. 박삼만 등이 만든 염전이 호남 시조염전이 된 것은 그 때문이다.

박삼만은 청년 시절 강제징용으로 일본인이 운영하던 평안도의 귀성염전에 염부로 차출돼 천일제염법을 배웠다. 해방 이후 고향으로 돌아와 1946년에 손봉훈 등과 함께 수림리 앞 화렴터에 호남지역에서는 최초로 천일염전 조성에 성공했다. 그래서 이 염전을 호남 시조염전 혹은 1호염전이라 부른다.

이 염전을 시작으로 호남 지역의 천일염 제조가 들불처럼 번져나갔다. 현재 신안군에서 한국 소금 생산량의 70%가 나오는 것도 모두 박삼만의 시조염전에서 시작된 것이다. 박삼만은 1947년 수림천일염개발조합 결성을 주도하기도 했으나 1948년경 비금도를 떠났다.

시조염전의 성공 뒤 비금도 주민들 450세대가 대동단결

박삼만 동상(위)과 비금도 소금 창고(아래) 비금도는 박삼만이 호남 지역 최초로 천일염전을 도입한 섬이다.

해서 1948년경 염전조합을 결성했다. 조합원들은 비금도와 분리되어 있던 가산도와 시랑도를 간척해 염전을 만들었다. 그것이 당시로는 한국 최대 규모였던 대동염전이다. 소금을 만드는 염부가 150명, 보충 염부가 50명이나 됐다. 대동염전은 2007년 11월 22일 등록문화재 제362호로 등록되었다.

한국영화의 세계화를 이끈 강대진

이세돌, 박삼만만큼 알려지지는 않았지만 또 한 사람 비금도에서 기억해야할 인물이 있다. 영화감독 강대진이다. 그는 한국영화 중 최초로 세계 3대 영화제에서 수상한 영화를 만든 감독이다. 그의 대표작 '마부'가 1961년 제11회 베를린 영화제 특별 은곰상을 수상했다. 강 감독은 '마부' 외에도 '박서방', '흐느끼는 백조' 등 30년 동안 47편의 영화를 남겼다. 한국영화의 세계화를 이끈 첫 번째 공로자 강대진이 바로 비금도에서 태어났다. 바둑과 소금뿐이랴. 비금도는 영화사에도 기념비적인 섬이었던 것이다.

11 수치도
원조 섬초를 키우는 시금치밭

한겨울 시금치밭둑에서 할머니 한 분이 풀을 뽑고 계시다. 겨울에 무슨 풀을 뽑으시는 걸까? 궁금해서 여쭈니 독새기풀이란다. "독새기풀 이건 겨울에도 훌쩍 커버려." 이름에 독자가 들어간 것을 보니 독하긴 독한 놈인 듯하다. 겨울에 자라려면 얼마나 많은 에너지가 소모될까. 그럼에도 다른 풀들은 다 겨울잠을 자는 한겨울 추위를 뚫고 자라나기로 생의 전략을 세운 독새기풀.

독새기풀이 지독하다고 느껴지기보다는 그렇게라도 살아남으려는 몸부림이 눈물겹다. 시금치 농사만 20년째인 할머니는 "해 먹고 살길이 이것 뿐"이라 한겨울에 시금치를 키워 수확한다. 독새기풀 또한 살아남을 길이 이것뿐이라 겨울 추위를 뚫고 자라난다. 온 나라가 얼어붙을 듯한 추위 속에 있어도 생의 현장은 이토록 뜨겁다.

졸고 있는 꿩의 모양이라 수치도

해마다 수치도에서는 겨울이면 밭뿐만 아니라 논에도 시금치를 심는다. 하지만 올해는 수치도의 논이 놀고 있다. 여름에 비가 너무 많이 와서 땅이 너무 질다. 그래서 시금치를 심지 못한 것이다.

"시금치로 돈하지. 금이 좋아야 하지. 금 없으면 맥없이 일만 하고 마요." 시금치 시세가 좋으면 돈이 되지만 시세가 안 좋으면 일만하고 돈도 못 번다는 말씀이다. 머나먼 외딴 섬의 농사도 자본주의 시장경제의 질서 속에 있으니 시장의 등락에 따라 할머니의 삶 또한 등락을 거듭한다.

땀 흘린 만큼 땅이 보상해주던 시대는 갔다. 일평생 땅만 바라보고 사는 낙도의 농사꾼들이지만 결코 농경사회를 사는 것이 아니다. 자본주의사회를 사는 것이다. 삶이 고단하고 불안정한 것은 이 작은 섬의 손바닥만 한 농사 또한 시장의 지배 속에서 자유롭지 못하기 때문이다.

수치도는 면적 2.57km², 해안선 길이 11.5km, 가장 높은 곳이 71m에 불과하다. 산이라 할 만한 곳이 없고 전체가 낮은 구릉과 평지다. 수치도에는 4개의 자연부락이 있는데 이들은 각기 다른 섬이었다가 간척으로 하나가 됐다. 한때 1,000명이나 살았지만 이제 겨우 140여 명만 남았다.

신라시대 말 장보고의 청해진에 있던 박씨 성을 가진 장수가 다른 장수들의 모함으로 이 섬에 유배됐는데 장끼와 까투리 한 쌍을 들여와서 여생 동안 꿩 사육을 하며 살다 갔다는 전설이 전해진다. 섬 이름에 꿩 치 자가 들어 있는 이유다.

섬의 모양이 졸고 있는 꿩 같다 해서 수치(睡雉)로 부르다 지금의 수치(水雉)가 됐다는 이야기도 있다. 꿩이 졸고 있는 모양이라니! 옛 사람들의 지리에 대한 관점은 참으로 섬세했던 것 같다. 대체 자는지 조는지 그것을 어찌 구분한단 말인가?

수치도는 숯섬, 흑도, 흑은도라는 이름으로도 불렸다. 어미 섬 비금도가 지척이고 주변에 사치도, 주구도 등이 있으며 형제 섬 상수치도와는 노두길로 연결되어 있는데 물이 들면 끊기고 썰물이면 하나로 연결되기를 무한 반복한다.

한때 수치도 사람들은 김양식에 크게 의존했으나 김값이

폭락하던 시절 김양식은 거의 사라졌다. 대부분 섬사람들의 주업은 농사로 고추와 시금치가 주요 작물이다.

다디단 원조 섬초

수치도는 비금면에 속해 있는 비금도의 새끼 섬이다. 그래서 섬초 브랜드로 유명한 비금도처럼 수치도 시금치도 섬초 브랜드를 달고 나간다. 맛도 아주 뛰어나다.

주민들은 수치도가 시금치 농사의 원조 격이라고 주장한다. 비금도 인근 섬에서 가장 먼저 시금치 농사를 지어 육지로 내보냈다는 것이다. 섬초를 생산하는 인근의 도초도나 비금도처럼 수치도에서도 벼농사가 끝나면 그 논에다 바로 시금치를 심어 겨울에 수확하는 것이 일반적인데 올해는 논에 시금치를 심지 못해 손실이 크다.

노지에서 자라는 겨울 시금치는 수분이 적어서 다디달다. 겨울 추위에 얼어 죽지 않기 위해서 시금치가 내부의 수분을 최대한 빼내기 때문이다. 나물도 맛있지만 생시금치를 샐러드로 먹는 맛 또한 기가 막히다.

수치도에서 겨울에도 채소를 키울 수 있는 것은 해양성 기후 덕분이다. 여름에는 서늘하고 겨울에는 따뜻한 해양성

수치도 시금치밭 비금도 인근에서 가장 먼저 시금치 농사를 지어 육지로 내보낸 곳이 수치도라고 한다.

기후. 같은 위도상의 육지에서는 겨울 노지에 시금치나 배추가 자랄 수 없지만 섬에서는 가능하다. 심지어 연하디 연한 상추마저도 노지에서 자랄 수 있는 것이 겨울 섬이다.

　여객선 선창가에서 마을로 들어가는 길가의 밭들도 모두 시금치밭이다. 시금치밭에서 일하는 주인 곁을 개 한 마리가 지키고 있다. 섬에 자동차가 거의 없으니 풀어놔도 개들은 안전하다. 그래도 개는 주인 곁을 지킨다. 서로가 의지해서 사는 생명들. 섬에서는 사람이나 개나 모두가 가족이다.

가어지마을 장어귀신 할머니

해안도로를 지나 언덕을 넘으면 갈림길이다. 왼쪽은 상수치도로 가는 길이고 오른쪽은 가어지마을로 가는 길이다. 수치도에도 당제산과 당집이 있었다. 당집에 당할아버지와 당할머니 인형을 모셨지만 어느새 당집은 사라지고 말았다. 수치도에 교회가 들어설 때 전도사가 교회 건축에 당집과 돌담의 돌들을 가져다 써야 한다고 해서 그 돌들로 교회를 지었기 때문이다. 교회가 섬의 토속신앙을 받아 안고 스며들었던 듯하다.

도로를 따라 20여 분을 걸어가면 가어지마을이다. 가어지마을 비닐하우스 안에서도 시금치 포장 작업이 한창이다. 일을 거들고 계신 할머니 한 분은 섬에서 장어귀신이자 뻘떡기(돌게, 박하지)귀신으로 유명 짜하다. 갯벌에 나가면 어른 팔뚝만 한 장어도 손쉽게 잡아오신다. 낚시나 통발, 그물을 쓰는 것도 아니다. 미꾸라지보다 더 미끄러운 장어를 그저 맨손으로 잡는다. 이런 귀신이 곡할 노릇이 있을까! 낙지나 조개 같은 것은 손으로 잡지만 장어를 맨손으로 잡는다는 분은 난생처음 만났다. 맨손 낙지잡이 어부들은 낙지구멍을 귀신같이 찾아내서 낙지를 잡는다. 그런데 할머니 말씀은 갯벌에는 장어구멍도 있다는 것이다. 할머니는 장어가 숨어 있는 구멍을 잘도 찾아낸다.

"내가 장어귀신이요. 바닥은 귀신이요." 장어 잡는 데 선수이고 수치도 바다는 빠삭하게 아신다는 말씀. 낙지는 구멍이 여러 개다. 주로 게들이 사는 구럭을 찾아들어가 게들을 잡아먹고 제가 그 집을 차지하고 산다.

장어구멍은 두 개다. 물이 빠진 갯벌에서는 장어구멍을 찾아내 한쪽 구멍으로 손을 넣어 쑤시면 반대쪽 구멍으로 장어가 나온다. 그걸 덥석 잡으면 된다. 하지만 물이 들어와 있을 때는 양쪽 구멍으로 동시에 손을 집어넣고 펄 속에서 잡아 건진다. 한쪽 구멍만 쑤시면 반대쪽으로 나와 헤엄쳐 달아나 버리기 때문이다.

"굵은 놈은 말도 못하게 옹글지제." 깊은 바다에서 통발로 잡은 장어는 덜 맛있는데 갯벌에 사는 장어는 그렇게 맛날 수가 없다. 갯벌에 먹이가 풍부한 까닭이다. 그 굵은 장어를 맨손으로 잡아다 할머니는 반찬으로 구워 먹는다. "등 타갖고 구워 먹으면 그렇게 맛나요." 나도 어른 팔뚝만큼이나 굵은 놈을 두 마리나 잡은 적이 있었는데 그 맛을 지금도 잊을 수가 없다.

장어는 야행성이라 밤에 나와서 먹이 활동을 한다. 그런 까닭에 낮에는 갯벌 속에 숨어 있으니 장어구멍만 알면 맨손으로 잡을 수 있다. 그 구멍을 할머니는 귀신처럼 찾아낸다. 그래서 장어귀신이다.

장어는 바로 잡아 구워도 맛나지만 삐득삐득 말려놨다가 구워 먹으면 더욱 맛나다. 겨울에도 장어가 있지만 추워서 잘 잡지 않고 봄, 여름, 가을에 주로 잡는다. 수치도 갯벌 장어는 벙배산 뒤편 갯벌에 많이 나는데 그곳이 할머니 전용 어장이다.

할머니는 뻘떡게를 잡는 데도 귀신인지라 게들이 사는 곳을 잘도 찾아내서 망태기로 잔뜩 잡아온다. 본인은 뻘떡게를 안 드시지만 잡아다 자식들에게 나눠준다. 여전히 신안의 갯벌은 아낌없이 준다. 사람들이 갯벌을 잘 모셔야할 이유다.

12 우이도

섬 속에 펼쳐진 사막, 산태

그 옛날 우이도의 돈목마을 총각과 성촌마을 처녀가 사랑
에 빠졌다. 둘은 사람들의 눈길을 피해 산태 그늘 아래에서
만나 사랑을 나누곤 했다. 그러던 어느 날 총각이 나오지 않
았다. 어선을 타고 나간 총각이 풍랑에 목숨을 잃고 만 것이
다. 처녀는 슬픔을 못 이겨 바다에 몸을 던졌다. 그 후 산태
에는 슬픈 사랑의 이야기가 깃들었다. 죽은 총각은 바람이
되고 처녀는 모래가 되었다. 그래서 두 연인이 만나 사랑을
나눌 때마다 산태에는 모래바람이 휘몰아친다.

섬 속의 사막, 산태

산태는 우이도 돈목과 성촌해변 사이에 있는 모래언덕이다.

80m 높이의 산태는 그 자체로 하나의 작은 사막이다. 이는 오랜 세월 바람이 모래를 실어와 만들어졌다. 섬사람들은 내내 이 모래 언덕을 산태라 불렀다.

어느 날 들이닥친 육지의 학자들이 조사를 해가더니 풍성사구라 명명했다. 풍성사구 또한 '바람이 만든 모래언덕'이란 뜻이지만 굳이 한자로 이름을 붙일 이유가 있었을까? 섬사람들이 쓰던 이름을 지워버리고.

산태는 우이도의 상징이자 우이도를 세상에 알린 주역이었다. 섬 속의 사막이라는 이국적인 풍경이 여행자들을 불러 모았다. 하지만 옛날 섬사람들에게 산태는 골칫거리였다. 바람이 불면 몰아치는 모래 때문에 생활하기 힘들었다. 오죽했으면 "우이도 처녀 모래 서 말 먹어야 시집간다"는 속담까지 생겼을까. 그래서 골재로 팔릴 뻔도 했다.

그런 산태가 명성을 얻으면서 새로운 가치를 부여받았다. 골칫거리가 보물이 됐다. 한동안은 오로지 이 사막 풍경을 보기 위해 해마다 3만 명의 여행자들이 머나먼 낙도까지 찾아들기도 했다. 산태를 배경으로 유지태, 김지수 주연의 영화 '가을로'가 제작되기도 했다. 섬 속의 사막은 육지인들의 노스탤지어를 흠뻑 자극했다.

섬 속의 사막 산태 잡풀과 잡목이 자라는 것을 제거해주고 나니 산태는 다시 원형을 찾아가고 있다.

우이도가 세간의 관심을 끌면서 지나치게 많은 사람들이 출입하자 산태는 조금씩 훼손되어 갔다. 국립공원에서는 사람들의 출입을 금지시키고 복원에 나섰다. 하지만 출입 금지 조치가 오히려 사막 지형이 사라지는 결과를 초래했다. 사막은 초지로 변해가기 시작했다.

산태는 인간과 자연의 조화가 만들어낸 지형이었다. 우이도에서 산태는 아이들이 미끄럼이나 썰매를 타고 놀던 놀이터이기도 했다. 그래서 풀이 자라지 않았고 사구가 발달했다. 인간의 적당한 간섭이 산태를 유지시켰던 것이다. 산태에 잡풀과 잡목들이 자라자 이국적이거나 신비한 매력도 없어졌다. 그래서일까. 갈수록 관광객의 발길이 뜸해졌다.

모래바람에 신기루처럼 나타났던 사람들이 어느 날 또 신기루처럼 사라져버렸다. 의도하지 않았지만 산태를 보호하려던 국립공원의 정책이 오히려 산태의 멸실을 가져와 우이도의 관광자원을 없애버린 꼴이 됐다. 결국 국립공원도 산태의 원형이 사라지는 것에 위기의식을 느끼고 근래에 잡풀과 잡목들을 제거하는 작업을 시작했다. 이제 산태는 다시 옛 모습을 조금씩 되찾아가고 있다. 늦었지만 다행스런 일이다.

때 묻지 않은 비밀 해변과 오래된 선창

우이도는 조선시대 수군이 주둔한 흑산진 관할이었다. 일제 강점기에는 가거도를 소흑산도라 불렀지만 원래는 우이도가 소흑산도였다. 우이도란 이름은 섬의 모습이 황소의 귀처럼 생겼다 해서 붙여졌다. 섬의 서쪽 양단에 두 개의 반도가 돌출한 것이 소귀 모양으로 보였기 때문이다. 그래서 소구섬 혹은 우개도란 이름으로도 불렸다.

우이도의 면적은 10.80km², 해안선 길이는 21km이다. 섬은 1구마을과 2구마을로 나누어져 있는데 수군이 주둔하던 진리마을이 1구이고 지금도 섬의 중심이다. 2구는 성촌과 돈목마을, 2곳의 자연부락을 아우르고 있다. 그밖에도 대초리, 예리 등 몇 개의 작은 마을이 더 있었으나 지금은 폐촌이 되고 빈집들만 남았다. 옛길을 따라 1구에서 2구로 걸어가다 보면 폐허가 된 우이도 최초 마을 대초리를 만나게 된다.

우이도에는 산태만 있는 것이 아니다. 그동안 산태의 명성에 가려 드러나지 않았던 보물들도 많다. 무엇보다 큰 보물은 6개나 되는 백사장이다. 우이도 해변들은 산태 못지않은 비경인 데다 모두 해수욕하기에 적당한 수심이다.

띠밭너머해변(위)과 우이선창(아래) 인공 구조물 하나 없이 야생의 모습을 간직하고 있는 띠밭너머해변과 1745년 축조되어 현재까지 그 자리를 지키고 있는 우이선창은 모두 우이도의 소중한 보물이다.

우이도에서는 해변을 장골이라 한다. 그래서 돈목해변은 돈목장골, 성촌해변은 성촌장골, 띠밭너머해변은 띠밭장골이다. 나머지 3개는 돈목에서 도리산 가는 길에 있는 작은 해변들인데 장칠, 장고래미, 넙번지장골이다.

이 3곳의 해변은 마을에서는 눈에 띄지 않는 비밀의 해변이기도 하다. 돈목, 성촌해변은 제법 이름난 해수욕장이지만 해변들 중에서도 압권은 단연 띠밭너머해변이다. 이 드넓은 해변에는 인공 구조물이 전혀 없다. 야생의 모습 그대로다. 진리마을에서 염소들이 풀을 뜯고 있는 목초지 언덕을 넘어서면 띠밭너머해변이 펼쳐지는데 전봇대 하나 없는 해변은 마치 시원의 세계로 시간여행을 떠나온 듯 착각을 불러일으킨다.

또 하나의 보물은 축조된 지 300년 남짓 된 진리마을의 옛 선창이다. '우이선창'이란 이름을 가진 이 선창은 1745년(영조 21년) 3월에 완공됐으니 아마도 원형이 보존된 이 땅의 가장 오래된 선창이지 싶다. 한국 해양문화사의 독보적 유물이다.

우이선창은 포구, 방파제, 배를 만드는 선소 기능까지 했다. 요즘 만드는 방파제들도 큰 태풍 한 번이면 무너지기 일

쑤인데 약 300년 동안이나 유지됐다는 사실은 기적 같은 일이다. 이 선창은 전남도 기념물 243호다.

이런 국보급 문화재가 겨우 도 기념물이라는 사실에 가슴 아프다. 우리가 얼마나 바다와 섬과 해양사를 천대하고 있는지를 이 선창에 대한 대접이 보여준다. 우이선창을 국보나 보물 등 국가문화재로 지정해야 마땅하다.

조선의 필리핀 표류객과 문순득

우이도는 또 해양사의 진귀한 서사가 깃들어 있는 유서 깊은 섬이기도 하다. 1801년(순조 1년) 제주도에 배 한 척이 표류해 왔는데 말이 통하지 않아 어느 나라 사람들인지 알 수가 없었다. 조선의 조정에서는 청나라 사람으로 여기고 심양으로 송환했으나 청나라에서는 자기 나라 사람이 아니라며 다시 조선으로 돌려보냈다.

표류인들은 9년 동안이나 제주도에 억류되어 있었는데 1809년 이들 앞에 구세주가 나타났다. 우이도 사는 문순득이었다. 표류인들은 여송국(필리핀) 사람들이었다. 문순득이 여송국 언어를 알고 있었기에 표류인들은 고향으로 송환될 수 있었다. 이는 『조선왕조실록』 순조실록에 나오는 실화다.

문순득의 표류 경로
문순득은 1801년 오키나와에 표류한 것을 시작으로 필리핀, 마카오, 난징, 베이징 등을 거쳐 1805년에야 고향으로 돌아왔다.

　그런데 조선 섬사람 문순득은 어떻게 필리핀어를 알게 됐던 것일까. 문순득 또한 표류의 경험이 있었다. 홍어장수 문순득 일행은 1801년 12월 흑산도 인근 '태도 서바다'에서 홍어를 싣고 영산포로 가던 중 풍랑을 만나 표류해 유구국(현 오키나와)까지 흘러갔다. 유구국에서 3개월을 머물다가 조선으로 돌아가기 위해 중국행 배를 탔는데 다시 풍랑을 만나 여송국의 마닐라까지 표류해갔다. 문순득은 여송국에 9개월을 머물다가 마카오, 광둥, 난징, 베이징을 거쳐 1805

년 1월에야 고향 우이도로 돌아갔다.

우이도에서 생을 마감한 정약전

역사 속에 묻혀버릴 수도 있었던 문순득의 표류담이 전해지게 된 것은 당시 우이도에서 유배살이를 하던 정약전 덕분이었다. 다산 정약용의 형이자 『자산어보』의 저자인 정약전은 1801년 신유사옥으로 완도의 신지도에 유배됐다가 조카사위였던 황사영 백서 사건으로 다시 추국을 받은 뒤 흑산도 유배형에 처해졌다.

그는 당시 흑산도의 흑산진 관할이던 우이도에서 1801년부터 1806년까지 1차 유배 생활을 했는데 이때 문순득을 만나 『표해시말』을 기록했다. 책에는 문순득이 경험한 당시 동아시아 지역의 풍속, 생활상, 언어 등에 대한 정보가 들어 있다. 오키나와 지역의 장례 문화와 전통 의상에 대한 기록도 있고, 필리핀 사람들이 닭싸움을 좋아했다는 이야기도 있다. 우이도 진리 초입의 열녀상이 성모마리아상을 닮은 것은 당시 조선 천주교의 핵심 인물이었던 정약전의 영향으로 보인다.

진리마을에는 홍어장수 문순득이 살았던 집과 정약전이

살던 집터가 남아 있다. 문순득의 집은 근래까지 후손들이 살다가 최근에 빈집이 됐다. 깃든 이야기뿐만 아니라 200년이 넘은 건축 역사만으로도 문화재 가치가 크다. 후손들이 국가의 보호를 요청하며 신안군에 헌납했다. 문화재로 지정해야 마땅하다.

우이도에는 식당이 따로 없다. 민박집에 묵어야만 식사를 할 수 있다. 집집마다 각기 다른 밥상을 받아볼 수 있으니 이 또한 여행의 묘미다. 오늘 섬 밥상에는 그야말로 산해진미가 다 모였다. 우이도에는 해산물과 산나물 등이 풍성한데다 육지와 교류도 쉽지 않아 대부분 섬에서 나는 생산물로만 밥상을 차린다. 진정한 로컬푸드, 제철밥상이다.

그물에서 막 건져온 살찐 농어회와 농어 맑은국, 모래밭에 깊이 박혀 있어 캐기 어려운 방풍뿌리무침, 우이도 산 고사리나물과 파래무침. 다들 조미료나 설탕이 없어도 다디달다. 원재료가 좋으면 요리를 하지 않아도 최상의 맛을 낸다. 그러므로 가장 좋은 요리란 요리를 하지 않는 것이다. 최상급 요리를 맛볼 수 있으니 우이도로 가는 길은 멀지만 황홀한 여정이다.

13 흑산도

홍어, 고래 그리고 자산어보의 섬

목포의 유명한 홍어집에 가면 고래고기를 판다. 홍어의 도시에 웬 고래고기일까 궁금했다. 그 의문을 풀어줄 열쇠가 바로 흑산도에 있다. 지금은 홍어의 본향이지만 과거 흑산도는 고래의 섬이기도 했다.

흔히 고래는 동해에 사는 것으로 알려져 있다. 그래서 포경 근거지라고 하면 동해의 장생포를 떠올린다. 하지만 고래는 동서남해 한국의 바다 모든 곳에 살았고 지금도 살고 있다. 과거에는 동해 장생포만이 아니라 서귀포, 대청도, 어청도, 흑산도 등 서남해의 여러 섬들이 고래잡이 전진기지였다.

고래공원의 미스테리

홍어의 섬 흑산도에 홍어공원은 없지만 고래공원이 있다. 고래공원은 흑산도 사람들이 고래판장이라 부르는 예리마을 고래 해체 작업장이 있던 자리에 있다.

공원에는 고래 모형 조각이 하나 서 있지만 왜 이곳이 고래공원인지 설명은 없다. 면사무소나 여객터미널 앞 자산문화관에도 흑산도에서 잡혔던 고래 사진이 걸려 있지만 이 또한 구체적인 설명이 없다. 도무지 흑산도 고래 이야기의 실체를 알 길이 없었다.

그런데 근래에 흑산도 고래잡이를 연구한 논문을 만났다. 그렇게 반가울 수가 없었다. 흑산도 출신의 이주빈이 쓴 「일제강점기 대흑산도 포경 근거지 연구」라는 논문이다. 이 논문은 일제강점기 흑산도 고래잡이의 실체를 밝혀주는 귀한 자료다. 이 글에서 소개하는 흑산도 고래 이야기는 전적으로 이주빈의 연구에 기반한 것이다.

예리선착장에 내려 고래판장 가는 길. 파시 골목 모퉁이 집, 할머니 한 분이 출입문을 활짝 열어놓고 식사 중이다. 나그네가 기웃거리자 대뜸 어서 들어와 밥 한술 뜨고 가라신다. 내가 이 집의 손님으로 왔나 착각이 들 정도로 편안한 초대. 이것이 섬의 인심이다. "나는 아무라도 우리 집에 와서 밥 묵고 가면 좋다니깐."

할머니는 도초도가 고향이다. 열아홉에 흑산도로 시집와서 55년을 살았다. 어머니가 도초도에서 흑산도로 재가해왔다. "학교도 못 가고 농사만 지었어. 나이는 이라고 째깐 묵은 것이 만고풍상을 다 겪었네."

할머니는 흑산도가 좋다. "여가 살기가 좋아. 보릿고개 숭년(흉년) 때도 춥고 배고픈 사람 없었어." 복 받은 섬이다. "절대 추접하게 밥 묵고 살면 안 돼." 할머니 말씀이 가슴을 때린다. 추하게 밥 벌어 먹고살지 말라는 일갈. 영혼이 허기진 나는 냉큼 할머니 밥상에 숟가락을 얹는다. 오래된 토속의 섬 맛이 그득하다.

할머니는 집채만 한 고래가 잡혀와 해체되던 모습을 뚜렷이 기억한다. 벌써 40년도 전이다. 하지만 고래잡이에 대해선 잘 알지 못한다. 흑산도 사람들 대부분이 그렇다. 이주빈의 논문이 더욱 귀한 것은 그 때문이다.

일제의 고래 남획

한반도 바다에서 고래잡이가 본격화된 것은 일제강점기에

들어서면서부터였다. 조선시대에는 포경업이 따로 없었다. 1905년 러일전쟁 승리 직후부터 일본은 한반도 근해에서 고래잡이 독점권을 장악했다. 일제에 의해 한반도 바다에서 본격적인 포경업이 시작된 것이다.

일제 포경선들이 한반도 바다에서 포획한 고래는 1903년부터 1907년까지 1,612마리, 1911년부터 1944년까지 6,647마리, 도합 8,259마리다. 이중 대형 고래의 남획이 극심했다. 참고래 5,166마리, 귀신고래 1,313마리, 대왕고래 29마리 향유고래 3마리 등이었다. 기록을 찾지 못한 1907년부터 1911년 사이에도 포경이 성행했을 것이니 적어도 일제가 40여 년 동안 한반도 바다에서 잡아들인 고래는 무려 1만 마리 이상이었을 것이다. 우리 바다의 대형 고래들은 일제에 의해 전멸되었다 해도 과언이 아니다.

일제가 1911년 6월 3일 어업령을 공포한 뒤 한반도 근해 고래잡이는 총독부의 허가를 받아야만 가능하게 만들었다. 1939년 기준, 총독부가 허가한 한반도의 포경 근거지는 울산 장생포, 제주 서귀포, 전남 (대)흑산도, 황해도 대청도였다. 울산 장생포를 근거지로 동해의 고래잡이에 집중했던 일제 포경업이 서남해로 근거지를 확장시킨 것은 동해의 고래가 남획으로 귀해진 탓이었다.

1917년에서 1934년 사이 한반도에서 조업한 포경선은
모두 437척이었는데 서남해에서 조업한 포경선이 297척이
나 된다. 서남해가 동해보다 압도적으로 많다. 이 기간 경북
에서 조업한 포경선 한 척이 1.3마리의 고래를 잡을 때 흑산
도를 근거지로 한 전라도 근해의 포경선은 11.52마리나 잡
았다. 흑산도 바다에 그만큼 고래가 많았다는 이야기다. 우

흑산도 바다 흑산도 인근의 바다에서는 대형 고래가 잡혔다. 수십 년 지속된 고래 집단
학살로 이제는 고래를 만나기 어렵다.

리 바다에 처음부터 잔챙이만 살았던 것이 아니다. 집채만한 고래, 마당만한 가오리, 영화 '죠스'에 나오는 대형 백상아리 같은 대물들의 시대가 있었다는 이야기다.

1914년부터 서남해로 근거지를 확장한 일제 포경선단은 1916년 흑산도에 포경 근거지를 만들고 본격적인 고래잡이에 나섰다. 흑산도 근해는 수온과 수심이 적당하고 조기, 멸치, 새우, 청어 등의 먹이가 풍부해 중국 하이난 바다와 함께 대형 고래들의 산란장이었다.

특히 흑산도는 해마다 산란을 위해 한반도 서해 바다를 회유하는 조기 군단의 통로였다. 조기 떼를 따라 고래와 상어 같은 대형 어종들이 무시로 흑산도 바다에 출몰했던 것이다.

흑산도 포경 근거지는 조선총독부에서 허가권을 가지고 관리했다. 어업세 징수가 목적이었다. 총독부는 고래뿐만아니라 흑산도에서 유리의 원료가 되는 규사까지 수탈해 갔다. 총독부 관보에 따르면 일제가 수탈해 간 흑산도의 규사는 매달 1,000톤에 달했다.

조선총독부는 직원을 직접 파견해 흑산도 포경 근거지와 규사 장치장 두 곳의 업무를 보게 했다. 조선총독부 직원록과 조선총독부 탁지부 장관의 공문에 그 사실이 기록되어 있다. 일제가 육지뿐만 아니라 이 나라 섬과 바다의 자원까지 얼마나 극악하게 수탈해 갔는지를 알려주는 증표다.

고래를 죽이던 섬에서 살리는 섬으로

흑산도를 근거지로 둔 포경선들은 지금 고래공원이 있는 지역에 고래 해체장을 설치하고 작업을 했다. 흑산도 고래잡이 철은 11월에서 5월 사이였다. 이때는 50여 명이 상주하던 흑산도의 일본인들이 100여 명으로 늘어났다.

해체장 일대에는 포경회사 사무실, 창고, 해체 작업장, 직원 목욕탕 같은 시설이 들어섰다. 해체장에서 일본인들은 주로 사무직에 종사했고, 고래 해체 작업 같은 허드렛일은 조선인들이 도맡았다. 작업장에는 뼈 가공팀, 껍질 가공팀, 고래기름 가공팀, 고래수염 가공팀 등이 있었다. 고래를 삶는 대형 가마솥이 두 개 있었고 고래수염을 튀기는 솥도 있었다. 조선인 노동자들은 임금을 고래고기로 받기도 했다. 노동자들은 고래고기를 가지고 목포나 도초도 등지로 나가 쌀로 바꿔왔다. 목포 홍어집에 고래고기를 파는 풍습이 남아 있는 이유다.

흑산 바다에서 잡아 흑산도에서 해체된 고래고기는 시

모네세키로, 고래 부산물로 만든 비료는 효고현으로 운송됐다. 일제강점기 내내 한반도 해역의 고래들을 대량 학살한 탓에 일제 말에는 고래가 거의 자취를 감추었다.

1944년 1월 26일 〈매일신보〉는 "조선 근해의 최근 일 년 동안의 포경 어황은 조선총독부 수산과 보고에 따르면 그다지 좋지 않다"고 전한다. 해방 이후에도 흑산도는 고래잡이 근거지로 명맥을 이어오다가 1986년 포경이 금지되면서 그 역사의 막을 내렸다.

수십 년 지속된 고래 집단 학살로 흑산도 근해에서 이제

고래 해체 작업 일제가 시작한 흑산도 고래 남획은 1986년 포경이 금지될 때까지 계속되었다.

는 더 이상 대형 고래를 만나기 어렵다. 흑산 바다는 피로 물든 고래의 기억만을 간직한 채 검푸르다. 흑산도의 고래 판장에도 포경시대의 흔적은 대부분 사라지고 없다.

그래서 흑산도 고래 연구의 새로운 지평을 연 연구자 이주빈은 "현재 흑산면 예리 1길에 는 집단 학살당한 고래의 살과 피로 전승된 슬프고 아픈 이야기가 깃들어 있다. 이를 현재의 시점에서 승화의 관점으로 교호할 필요가 있다. 이제는 흑산도가 고래를 죽이는 섬이 아니라 살리는 섬, 고래 생태의 섬으로 복원돼야 한다"고 주장하며 흑산도에 서남해 고래 연구 허브를 구축할 것을 제안했다. 고래를 죽이던 섬이 고래를 살리는 섬으로 되살아난다면 얼마나 멋질까. 그의 꿈이 꼭 이루어지길 소망한다.

삭힌 홍어를 잘 먹지 않는 섬사람들

흑산도는 홍어의 섬으로 각인되어 있다. 그래서 흑산도 예리항에 내리면 가장 먼저 마주하는 것이 홍어다. 홍어를 파는 식당들과 홍어 위판장. 포구는 삭은 홍어 냄새로 관광객들을 유혹한다. 홍어는 흑산도를 대표하는 음식이자 상징이 됐다.

하지만 삭힌 홍어는 흑산도 고유의 음식이 아니다. 그래서 손님들에게는 삭힌 홍어를 팔지만 흑산도 사람들은 정작 삭힌 홍어를 즐기지 않는다. 오히려 싱싱하고 찰진 생홍어를 주로 먹는다. 삭힌 홍어의 본고장은 흑산도가 아니라 전남 내륙이다. 『자산어보』에도 기록되어 있듯이 나주 영산포가 삭힌 홍어의 원류다.

옛날 상인들은 흑산도 인근 바다에서 잡힌 홍어와 생선을 사서 상선에 싣고 영산강을 따라 올라가 나주의 영산포항까지 운반했다. 바다가 잔잔할 때는 하루 이틀이면 도착할 수 있지만 풍랑이 거세면 보름이고 한 달이고 걸렸다. 그사이 다른 생선들은 썩어서 못 먹게 됐지만 홍어만은 썩지 않고 자연 발효가 됐다.

홍어가 썩지 않았던 것은 홍어의 몸에 요소와 요산이 많기 때문이다. 홍어가 죽으면 요소와 요산이 분해되면서 암모니아 가스가 나온다. 그 암모니아 가스 덕에 홍어에는 다른 세균이 번성하지 못하고 발효됐다. 그렇게 뱃길이 탄생시킨 것이 삭힌 홍어다. 지금 흑산도에서 삭힌 홍어 요리가 번성한 것은 관광객들의 요구로 내륙의 문화가 역수입된 것이다.

생홍어든 삭힌 홍어든 원재료인 흑산 홍어가 유명한 것은 맛이 뛰어나기 때문이다. 홍어는 대청도와 백령도 근해에 살다가 산란철이 되면 흑산도 인근의 태도 서바다를 찾는다. 늦가을부터 초봄까지 산란을 하는데 12월 무렵이 산란의 최적기다. 흑산 홍어는 바로 이 산란기의 살찐 홍어이기 때문에 맛이 탁월한 것이다. 홍어는 겨울이 제철이다. 여름 홍어는 물홍어라 하는데 맛이 덜해서 잘 먹지 않는다.

『자산어보』의 산실인 사촌서당

홍어나 고래가 아니더라도 실상 흑산도는 해양 문화의 보고다. 흑산도는 고대부터 중국을 오가는 황해 사단 항로의 중간 기착지였다. 1123년 고려를 방문했던 중국 송나라 사신 서긍의 『선화봉사고려도경』에도 그 기록이 전한다. 상라산성 터와 무심사선원 터, 사신들이 머물던 숙소 터가 발굴되면서 이 기록이 사실로 확인됐다.

옛날에는 바닷길에서 이곳(흑산)은 사신의 배가 묵었던 곳이어서, 관사가 아직 남아 있다. ······ 고려에서 큰 죄인이지만 죽음을 면한 자들이 대부분은 이곳으로 유배되어 온다.

요즈음 흑산도를 찾는 관광객들 대부분은 일주 관광버스나 택시를 이용해 흑산도를 한 바퀴 돌며 흑산도 아가씨 노래비, 상라산성, 사촌서당, 최익현 유허비, 진리 처녀당 등을 찍고 포구로 나와 홍어회 한 접시에 막걸리 한잔을 마시고 떠난다.

하지만 흑산도는 그렇게 잠깐 들렀다 가기는 아까운 섬이다. 적어도 『자산어보』의 산실인 사리마을 사촌서당에서 하루쯤 소요하거나 걸어서 여행해야 흑산도의 깊은 맛을 알 수 있다.

사촌서당은 흑산도 유배살이 중이던 손암 정약전이 아이들을 훈육하기 위해 설립한 서당이자 조선시대 최고의 어류도감인 『자산어보』의 산실이다. 손암은 신유사옥의 화를 입어 흑산도 유배 생활을 했다. 천주교를 신봉한 것이 죄였다.

손암은 당시 흑산진 관할이던 우이도에서 1801~1806년 동안 유배 생활을 하다가 1806년~1814년 동안은 흑산도에서 유배 생활을 이어갔다. 말년에는 다시 우이도로 거처를 옮겨 1816년까지 유배를 살다 마침내 우이도에서 숨을 거두었다.

사실 손암은 흑산도보다 우이도에서 더 오랜 기간 유배 생활을 했다. 그럼에도 흑산도 유배가 더 많이 알려진 것은

서리마을 사촌서당 유배 생활을 하던 정약전이 아이들의 교육을 위해 지었던 서당으로 『자산어보』의 산실 역할을 했다.

조선시대 최고의 어류 백과사전인 『자산어보』를 흑산도에서 저술했기 때문이다.

손암은 16년의 유배 기간 동안 흑산도와 우이도를 오가며 후학을 양성하고 대둔도 출신 장창대와 공동으로 흑산 바다 어류들을 연구해 『자산어보』를 완성했다. 필리핀까지 표류했던 우이도의 홍어장수 문순득의 표류담이 전해진 것도 정약전의 기록 덕분이다.

135명이 유배됐던 섬

사촌서당 부근에는 유배문화공원이 있다. 이 공원에는 흑산도를 거쳐 간 유배인들의 이야기가 깃들어 있다. 백제시대 유배인에 대한 전설도 있지만 흑산도는 고려, 조선시대 기록으로 확인된 유배인만 135명 이상이었다.

이미 잘 알려진 정약전, 최익현 등과 함께 고려 무신 정권의 신하들 같은 정치범은 물론 죄를 지은 궁궐의 나인들, 파옥한 죄인들 같은 일반 형사범들도 유배살이를 했다. 궁녀들이 머나먼 낙도까지 유배를 왔다는 것은 이채롭다. 남자들도 두려웠을 낙도로 유배를 온 여인들의 공포감은 상상 이상이었을 것이다.

사리마을 유배문화공원 정약전, 최익현 등 흑산도에 유배를 왔던 주요 인물들에 대한 정보를 살필 수 있다.

유배의 섬 흑산도. 누군가에게는 삶의 터전이 누군가에게는 감옥이었다. 대체 삶과 감옥 사이의 간극은 얼마나 되는 걸까. 사리마을 유배공원은 그래서 삶의 본질을 일깨우는 생애의 학당이기도 하다.

흑산은 섬 전체의 이름이다. 하지만 섬은 그 자체로 하나의 산이기도 하다. 이름처럼 흑산의 또 다른 보물은 산이다. 섬에 가면 사람들은 바닷가를 먼저 찾지만 실상 섬의 진면목을 볼 수 있는 곳은 산이다.

그래서 나는 흑산도에 갈 때마다 산에 오른다. 자주 걷는 산길은 칠락산이다. 오르막은 짧고 능선을 따라 가는 길이 대부분이니 험하지 않다. 손암이 유배 살던 사리마을과 가까운 소사리에서 출발해 일곱 개의 작은 봉우리가 연달아 이어지는 칠락산 길은 원시림 숲길과 탁 트인 바다를 바라보며 걸을 수 있는 최고의 트레일이다. 마리마을 입구로 하산하면 3시간쯤 걸린다. 그 다음부터는 도로지만 10여 분만 내처 걸으면 흑산도 아가씨 노래비와 상라산성이 나온다. 산성 터에 오르면 눈 아래 펼쳐지는 장도와 홍도의 풍경이 찬연하다. 떠나왔으니 돌아가야 할 터이지만 삶은 잠시 거기에 깃들어도 좋을 듯 평온하다.

14 장도
자연생태의 보고 람사르습지

> 그저 잠시 머물다 떠나고 싶은 섬이었음을
> 아무에게도 무게지움이 없이
> 그저 있는 듯 없는 듯 떠 있고 싶은 섬이었음을
> ─김선태 「이름 없는 섬이었음을」 중에서 [2]

작은 섬들의 작명 방식은 대체로 담백한 편이다. 큰 섬들은 의미가 부여돼 좀 더 복잡해지지만 작은 섬들은 떨어져서 보면 한눈에 들어오니 이름도 생김새 위주다. 길면 장도 혹은 장사도, 곰처럼 생겼다 해서 웅도, 딱 봐도 소가 웅크

---

2 김선태, 『간이역』, 문학세계사, 1997.

린 모양이면 우도, 닭처럼 생기면 닭섬, 말 모양이면 마도, 푸른 숲이 우거져 있으면 청도, 대청도, 소청도, 어청도, 청섬…. 장도는 이름처럼 길다.

섬 자체가 하나의 산

장도는 우리말로는 진섬이었을 터다. 장도는 그 자체로 하나의 산이다. 최고봉인 큰산이 273m에 불과하지만 산은 가파르다. 대장도와 소장도로 구분되는데 두 섬은 물이 빠지면 하나로 연결되니 결국 하나의 섬이나 다름없다. 그 옆으로 내망덕도, 외망덕도, 쥐머리 섬들이 마치 산맥처럼 도열해 있다. 그래서 멀리서 보면 그대로 하나의 산줄기가 물위에 솟아올라 쭉 뻗은 형국이다.

장도나 흑산도 같은 섬들은 본래 육지였다가 빙하가 녹으면서 평지는 바다에 잠기고 높은 산봉우리만 남은 것이니 섬은 그 자체로 산이다. 평지라 할 만한 땅이 없으니 마을도 산비탈에 위태롭게 들어서 있다. 계단식 논밭이 아니라 계단식 집들이 다닥다닥 붙어 있다. 집들이 층층이 어깨 걸고 있는 장도마을은 멀리서 보면 그대로 전체가 하나의 고층 건물 같다.

좌우로 긴 모양의 장도 장도는 섬들이 산맥처럼 도열해 있어서 멀리서 보면 하나의 산줄
기 같다.

섬에 있는 산지습지

흑산도의 작은 부속 섬이자 여객선도 들르지 않는 오지 낙도인 장도가 세상에 이름을 알리게 된 것은 습지 때문이다. 2003년 7월 한국조류협회 목포지회 학술조사단이 장도를 방문해 산지습지를 확인한 것이 계기가 됐다.

주민들은 이미 그곳이 습지인 것을 잘 알고 있었으니 발견이란 말은 적절하지 않다. 세상에 알린 것이다. 2004년 환경부가 습지보호지역으로 지정했고 2005년 람사르습지로 인증됐다.

장도습지는 섬 지역에서 처음으로 발견된 산지습지다. 생물다양성의 유지를 위한 습지의 역할이 크다. 멸종위기종인 야생 동식물의 24%가 습지보호구역에 살고 있다.

장도 사람들은 이 습지 덕분에 오랜 세월 가뭄에도 물 걱정 없이 살아왔다. 산 정상에서는 용천수가 끊임없이 솟아나곤 했다. 습지는 겨울에도 물이 얼지 않고 흐르는 수원지였다.

습지는 사람뿐만 아니라 수많은 생물을 살리는 생명의 원천이다. 장도습지에는 수달, 매, 솔개, 조롱이 등 멸종위기 생물과 습지식물 294종, 포유류 7종, 조류 44종, 양서·파충류 8종, 육상곤충 126종 등이 서식하고 있다.

마을 뒤쪽 가파른 길을 걸어 올라가면 정상부에 습지가 있다. 스푼 모양의 분지 지형 안에 있는 습지는 가로 300m, 세로 400m, 면적 9만 414m² 규모로 섬 지역 최대의 산지습지이다.

장도 산정에 습지가 생긴 것은 '이탄층' 때문이다. 이탄층은 식물이 사멸된 후 썩거나 분해되지 않고 수천 년 동안 쌓여 형성된 지층이다. 스폰지 같은 이탄층은 저수와 수질정화 기능을 동시에 수행하며 동식물들에게 서식지를 제공해준다. 이탄층 위의 풀밭을 밟아 보면 푹신하다.

장도습지가 형성될 수 있었던 것은 이탄층을 떠받치고 있는 기반 암석이 화강암이기 때문이다. 물이 잘 빠져나가는 암석층이었다면 이탄층이 있더라도 습지가 형성되지 못했을 것이다.

장도습지가 수분을 유지할 수 있는 데는 또 다른 이유도 있다. 비가 아닌 수분 공급원이 따로 있는 것이다. 바로 해무다. 장도는 한국 서남부를 통과하는 난류의 길목에 위치해 해무가 끊이지 않는다. 해무는 수분 공급과 동시에 습지 수분의 증발을 억제해주는 역할도 한다. 화강암과 해무는 장도습지의 일등 공신이다.

황금 논과 소 방목장

대부분의 산지습지들이 과거에는 논으로 이용됐듯이 장도 습지 또한 섬의 유일한 논이 있던 곳이다. 섬에서 쌀이 얼마나 귀했던가를 생각하면 장도습지는 그야말로 황금 논이었다. 장도를 비롯한 흑산도 인근 지역은 연평균 강수량 1,000mm 내외 밖에 안 되는 대표적인 소우 지역이다. 그런데도 장도에 물이 풍부하고 논농사까지 가능했던 것은 오로지 이 습지 덕분이다.

이충방 전 이장은 습지 지정 당시에 이장을 했던 산증인이다. 그의 증언에 따르면 산정에는 10마지기의 논이 있었는데 한 노인이 습지 한가운데 움막을 짓고 살며 논농사를 지었다 한다. 그의 나이 17~18살 때니 벌써 60년 전이다. "할아버지가 머리에 상투를 틀어서 이조시대 사람 같았어요." 노인의 아내는 죽고, 딸은 마을에 살았었다.

당시 장도에는 62가구 500여 명이 살았는데 노인의 땅은 장도에서 유일한 논이었다. 다른 집들은 보리나 고구마로 연명할 때 유일하게 쌀이 소출되던 곳이 습지 논이었다.

노인 사후에는 논농사가 이어지지 않았고 대신에 습지는 소 방목장이 되었다. 한 집 당 보통 소 5마리씩은 길렀다. 많은 집은 20마리까지 길렀다.

이충방 전 이장님도 20마리 정도 길렀다. 그래서 장도습지에 한때는 소가 150마리나 있었다. 제법 큰 방목장이었던 셈이다. 소는 13년 정도 길렀다. 소 파동이 나서 송아지 한 마리 값이 10만원으로 폭락하자 다들 소를 정리했고 습지에서는 더 이상 소도 기르지 않게 됐다.

사라져버린 장도습지

이후 습지는 그대로 방치됐고 주민들은 습지 한가운데 솟아나는 용천수에 파이프를 연결해 마을까지 끌어와 식수로 사용했다. 환경부에서 이곳을 습지보호지역으로 지정한 뒤부터는 습지에서 솟아나던 용천수 대신 산 아래 짝지골 계곡의 물을 받아 식수로 사용하게 됐다.

환경부에서 용천수 줄기를 보존해주기로 했지만 약속은 지켜지지 않았고 물줄기도 사라져버렸다. 사라진 것은 용천수만이 아니다. 물줄기가 없어지면서 작은 저수지도 자취를 감추고 말았다. 논농사를 지을 때 물을 대던 저수지다.

"엄청 가물어도 안 몰라지던 땅인디. 모든 것이 베려버렸어. 지정하고 다 베려부렀지." 이장님은 깊은 한숨을 뱉어내신다. "땅속에서 나온 물이 넘쳤는디. 물줄기가 사라져부린께 땅이 죽어부렀어. 아주 시궁창이 되부렀어. 생수가 퐁퐁 넘쳤댔어. 미꾸라지도 엄청 많았는데 이제 암 것도 없어. 깨구락지도 원 없이 많았는디 인자 안 나와요."

습지보호구역 지정 이전까지는 이곳 습지에서 잡은 미꾸라지를 미끼 삼아 바다에 고기잡이를 가곤 했었다. 그런데

장도습지 용천수가 흐르고, 벼가 자라고, 소가 노닐던 장도습지의 풍경은 환경부의 습지보호구역 지정 이후 사라져버렸다. 지금은 그저 평범한 초원의 모습으로 남아 있다.

용천수 물줄기가 사라져버리면서 모든 것이 사라져버렸다. "욱으로 흐르는 물이 없으니까 땅이 죽어불잖아. 시궁창이 됐어 아주. 습지가 완전 베러부렀어."

그래서일까 지금 습지는 그저 평범한 초원의 모습이다. 물이 그득 고인 논도 있고 저수지도 있는 산지습지의 모습을 기대했던 이들에게는 '이게 무슨 습지야?' 하는 실망을 안겨주기에 충분하다. 몇몇 작은 물웅덩이를 복원한다고 시설을 해놨지만 그 정도 물웅덩이는 습지가 아니라도 웬만한 섬의 산지에 흔한 것이다.

환경부의 장도습지보호구역 지정이 습지의 모습을 사라지게 만들어 버린 역설! 환경부는 무어라고 답할까? 이장님은 환경부의 약속이 지켜지지 않은 것이 담당 직원들의 잦은 교체 때문이라고 생각한다. 모내기 전 물이 그득한 무논과 물이 가득 찬 저수지는 멋진 모습이었을 것이다.

정부의 간섭이 시작되는 순간 망가지는 모습들을 많이 봐왔다. 사막 지형을 복원하겠다고 하더니 오히려 망쳐버린 우이도 사구가 그랬듯이 다시 장도에서 그 모습을 본다. 장도습지보존정책이 오히려 습지를 망가뜨려버린 현실을 환경부는 뼈아프게 반성하고 제대로 복원할 방도를 찾아야 한다. 지정만이 능사가 아니다.

어업 공동체 '뜸'

장도에는 49가구 99명이 산다. 1520년 해초를 채취하러 왔던 조국현이 잠깐 거주하다가 섬에 물이 많은 것을 발견하고 정착하면서 마을이 형성된 것으로 전해진다. 장도습지가 다양한 동식물과 함께 사람들도 섬으로 불러들인 것이다.

5월 초순, 장도는 가사리 채취가 한창이다. 예년에는 집집마다 30kg씩 수확했는데 올해는 10kg 정도밖에 안 된다. 가사리는 1년 동안 자라난 것을 3번에 걸쳐서 채취하면 수확이 끝난다. 가사리는 kg당 3만 5,000원씩 하는 고가의 해초다. 장도 사람들은 오랜 세월 수산물 채취로 먹고살았다. 하지만 20여 년 전부터 전복양식과 어류가두리양식이 시작되어 생업의 한 축을 담당하고 있다.

요즘 장도의 가장 큰 소득원은 멸치잡이다. 멸치는 말려서 팔지 않는다. 손이 많이 가고 품이 많이 들기 때문이다. 생멸치를 그대로 가두리양식장에 사료로 판매한다. 해상 날씨가 좋지 않아 인근 섬의 양식장으로 판매하러 가기 어려운 때는 그냥 젓갈을 담아 액젓으로 판매한다. 장도 선착장이나 마을에 길게 늘어서 있는 큰 물통들이 다 멸치액젓 만드는 통이다.

미역, 가사리, 톳 등의 해조류는 어업 공동체인 '똠'을 통해 관리된다. 똠은 어촌계 밑의 하위 조직으로 어촌 공동체인 동시에 어장이기도 하다. 똠 공동체에서 관리하는 해초 어장 똠인 것이다.

장도의 해변은 상똠, 중똠, 하똠의 세 개의 똠으로 분리돼 있는데 과거에는 한 똠 당 12~15명의 주민이 소속돼 해조류를 공동 채취하고 공동 분배했었다.

지금은 인구가 줄어 똠의 분리가 엄격하지 않다. 하지만 주민들은 여전히 어촌계에 소속돼 공동으로 해변을 관리하며 공동 채취와 분배의 전통을 이어가고 있다. 채취 노동에 참가하지 않는 주민은 분배에서 제외된다.

돌미역 채취는 6월 한 달 동안 하는데 6회 정도 채취하면 작업이 끝난다. 한때는 한집 당 50뭇(1뭇은 20가닥)을 수확하기도 했는데 올해는 열 댓뭇씩 밖에 못했다. 주민들은 갈수록 해초의 채취량도 줄어들고 있다고 아쉬워한다.

물량이 적으니 가족들끼리 나눠 먹으면 끝이다. 자연산 톳은 여름철에 공동 채취해 평균 50kg 정도씩 분배된다. 조류가 빨라 자라는 속도가 늦으니 다른 섬들보다 채취가 늦다. 2020년 장도에서는 10가구가 전복양식을, 어류양식은 10가구, 멸치잡이 어장은 12가구가 하고 있다.

작은 섬이지만 장도에는 해녀가 많았다. 제주에서 온 해녀도 있고 자생 해녀도 있다. 지금 장도의 전체 해녀는 7명이고 이 중 제주 출신은 한 명이다. 인근 해역에 전복, 해삼, 성게 등이 많아서 해녀가 남아 있다.

하지만 장도 해녀 역시 고령화가 심각하다. 58세가 가장 어린 해녀이고 대부분이 6~70대다. 장도의 또 하나의 유산인 해녀가 사라질 날도 멀지 않았다. 2013년도부터 이장을 하다 근래 그만둔 박행님 전 이장도 해녀다.

이장님은 젊은 사람들이 안 돌아온다고 걱정이다. "늙은 사람들은 병원에 가 죽어불고 20년 쯤 뒤면 섬에 사람이 아주 없어져불 것 같네요." 해산물 중 무엇이 제일 맛있는지 물으니 돌아오는 대답. "성게가 일품이죠." 조만간 장도 성게에 낮술 한잔하러 또 오게 될 것만 같다.

15 홍도
한 편의 명작 같은 기암괴석과 동백꽃

명작 같은 섬들이 있다. 읽어보지 않았는데도 줄거리를 꿰고 있어서 마치 읽어본 듯한 느낌이 드는 명작. 가보지 않았는데도 방송과 언론을 통해 많이 보고 들어서 가본 것 같은 착각이 드는 섬. 홍도는 그런 세계 명작 같은 섬이다.

대부분의 사람들은 끝끝내 고전을 읽지 않는다. 하지만 홍도는 반드시 읽어봐야 할 고전이다. 한번이 아니라 거듭해서 읽을수록 맛이 새로워지는 걸작. 한국에서 꼭 하나의 섬만 가보겠다면 홍도로 가보라고 추천하고 싶을 정도다. 한국 최고의 섬. 물론 주말이나 성수기에는 지나치게 많은 인파가 몰리니 권하고 싶지 않다. 가능하다면 홍도는 평일에 가는 것이 좋다. 특히 봄 동백이 활짝 필 때가 제격이다.

본격적인 상춘객들이 몰리기 전, 4월 초쯤이면 홍도는 섬 전체가 동백 화원이 된다.

유람선을 타고 구경하는 기암괴석들

실상 홍도는 사철 어느 때 가더라도 실망시키지 않는다. 기암괴석의 그 빼어난 절경은 변함없기 때문이다. 홍도를 가야할 가장 큰 이유는 바로 이 바위섬들이다. 한국의 섬들 중 기암괴석으로 유명한 곳은 백령도 두무진, 거문도, 백도와 함께 홍도가 손꼽히지만 홍도는 규모와 빼어난 골계미에서 단연 압권이다.

홍도는 한국의 계림이고 한국의 하롱베이다. 홍도 주변을 수놓은 기암괴석들은 마치 신들의 정원처럼 신비롭다. 이 신비스런 풍경을 보기 위해서는 유람선을 타야 한다.

홍도 해상경관으로 홍도 33경을 꼽기도 하고 좀 더 압축해 홍도 10경을 손꼽기도 한다. 그토록 보여줄 것이 많다는 뜻이다. 홍도항을 출발한 유람선은 도승바위를 시작으로 33경을 차례로 보여준다.

남문바위, 도승바위, 탕건바위, 병풍바위, 실금리굴, 흔들바위, 칼바위, 무지개바위, 제비바위, 돔바위, 기둥바위,

삼돗대바위, 원숭이바위, 시루떡바위, 용소바위, 대문바위, 좌불상, 해수욕장, 거북바위, 만물상, 자연탑, 부부탑, 석화굴, 등대, 독립문바위, 탑섬, 대풍금, 종바위, 두리미바위, 슬픈여, 공작새바위, 홍어굴, 노적산 등이 33경을 이루고 있다.

33경의 바위나 굴마다 사연이 있지만 여기서는 홍도 10경이 품고 있는 이야기만 소개한다. 나머지 이야기들은 홍도에 직접 가서 유람선을 타고 들어보시라. 해설사들이 소개하는 그 구성진 이야기를 듣는 재미도 쏠쏠하다.

홍도 10경에 피어난 이야기꽃

제1경 남문은 홍도 남쪽의 바위섬이라 남문바위다. 한때 텔레비전 방송시간이 끝날 때마다 방영됐던 애국가의 첫 장면을 장식한 적도 있다. 1960년대 초반 한 사진작가가 남문바위의 모습에 반해 남문바위 앞에서 전국 사진대회를 개최하면서 유명세를 타기 시작했다. 소형 어선이 드나들 수 있을 정도의 구멍이 뚫려 있는 섬 자체가 석문으로, 홍도의 관문으로 불린다. 이 석문을 통과하면 일 년 내내 더위를 먹지 않고 재앙이 없으며 소원이 성취된다는 믿음이 전해진다.

또 어선이 이 석문을 지나가면 만선을 한다고도 믿어진다. 일명 구멍바위로도 불린다.

제2경은 실리금굴. 옛날 어떤 선비가 속세를 떠나 아름다운 선경을 찾던 중 실리금굴을 찾아냈다. 굴에서는 푸른 바다가 보이고 굴 주변에는 기화요초가 만발해 선경 같았다. 선비는 이 굴에서 가야금을 타며 신선처럼 살았다 한다. 그래서 이 굴을 가야금굴이라고도 한다.

3경은 석화굴. 낙조 때 풍경이 장관인 동굴이다. 낙조 무렵 이 굴을 바라보면 굴속에서 반사되는 햇살이 마치 오색의 꽃이 핀 것처럼 보인다. 그래서 우연히 배를 타고 지나가던 옛 사람들은 이곳을 무릉도원의 입구로 착각했다고 전한다. 일명 꽃동굴이다.

4경은 탑섬. 수없이 많은 탑이 쌓아진 것처럼 보이는 바위섬이다. 5경은 만물상. 금강산의 만물상을 닮았다 해서 붙여진 이름이다. 아침, 낮, 저녁에 각기 다른 색깔과 다른 모습으로 변한다. 오랜 옛날 어떤 도사가 해적들을 교화시키기 위해 만물상을 만들었다고 전한다. 이 만물상을 본 해적들이 개심하여 양민으로 돌아갔다 한다. 그래서 이 만물상에 오면 모든 나쁜 마음이 착한 마음으로 변한다.

6경 슬픈여. 일곱 개의 크고 작은 바위섬들이 몰려 있다. 옛날 홍도에 7남매와 함께 행복하게 살던 부부가 있었다. 설이 다가오자 부부는 설 제물과 7남매의 설빔을 사기 위해 뭍으로 떠났다.

7남매는 날마다 산에 올라 부모를 기다렸다. 그러던 어느 날 수평선 너머로 부모가 탄 돛단배의 모습이 보이기 시작했다. 7남매는 기뻐하며 배가 다가오기를 기다렸다. 그런데 갑자기 돌풍이 불고 부모가 탄 배가 뒤집히고 말았다. 7남매는 부모를 애타게 부르며 바닷속으로 들어가 그대로 굳어져 바위가 되고 말았다.

지금도 썰물 때면 일곱 남매의 영혼이 부모를 부르고 있는 것처럼 보인다. 그래서 슬픈여는 칠형제바위라고도 불린다. 슬픈여의 전설은 그냥 전설이 아니다. 섬에서 비일비재했던 일이다. 섬살이의 슬픔을 고스란히 담고 있는 바위섬, 슬픈여 앞에서 무너지지 않을 가슴이 어디 있을랴.

7경은 부부탑바위다. 오랜 옛날 홍도에 자식을 낳지 못하는 부부가 있었다. 그런데 어느 날 꿈에 백발을 한 신령이 나타나 목욕재계하고 부부탑 위에 축원하면 아들을 얻을 것이라고 알려줬다. 부부가 신령이 시키는 대로 했더니 아들을 얻게 됐다.

그 후부터 홍도에서 아이 없는 부부는 이 부부탑에 와서 기도했다. 이 바위는 부부의 금실을 좋게 하는 영험이 있다고도 믿어진다. 남근바위 또는 서방바위로도 불리는 이유다.

8경은 독립문바위다. 바위의 형상이 독립문처럼 생겼다 해서 붙여진 명칭이다.

9경은 거북바위. 홍도의 신당 즉 당집에서는 용왕을 신으로 모시는데 매년 정월 초사흗날 당제를 지냈다. 당제 날은 허수아비로 용왕의 신체를 만들어 바다에 띄워 용궁으로 보내는 의례를 치렀다. 이 거북은 용신을 맞이하는 사자로 여겨진다. 풍어와 안전을 보살펴주는 거북신으로도 추앙받는다.

10경은 공작새바위다. 보는 방향에 따라 서로 다른 모습을 보여주는 바위다. 오른쪽에서 보면 모자상 같고 왼쪽에서 보면 하늘로 솟아오르는 천마 같다. 정면에서 보면 공작새 같다 해서 공작새바위다. 홍도에서는 공작새바위 주변의 산세가 홍도에서 가장 아름다운 곳으로 손꼽힌다.

홍도 10경이 아니라도 33경 바위섬마다 깃든 사연은 흥미롭다. 시루떡바위와 주전자바위에 얽힌 이야기도 기발하다. 서해의 용왕이 충직한 신하들을 위해 주연을 베풀었는데 그때 먹다 남긴 시루떡은 시루떡바위가 됐고 술을 담았던 주전자는 주전자바위가 됐다고 한다.

도승바위에 깃든 사연도 애달프다. 옛날 주인을 끔찍이도 따르던 개가 있었다. 어느 날 주인이 고기잡이를 갔는데 끝내 돌아오지 않았다. 개는 주인을 애타게 기다리며 짖어대다가 그대로 죽고 말았다. 그때 지나가던 도승이 개의 넋을 위로하기 위해 불상을 세워준 것이 도승바위다. 지금도 풍랑이 거센 날이면 개 짖는 소리가 들린다 한다. 충견바위라고도 부른다.

도승바위는 수도승 같기도 하지만 관음보살 같기도 하고 또 성모마리아상 같기도 하다. 보는 이의 신앙에 따라 보이는 모습이 다르게 나타나니 참으로 신묘한 바위가 아니겠는가? 기암괴석의 풍경뿐이랴. 이토록 신비로운 바위섬들이 펼쳐내는 이야기의 향연. 유람선은 홍도 여행의 선택이 아니라 필수다.

화려하고 처연한 깃대봉 동백터널

홍도가 최고의 동백섬이란 사실은 잘 알려지지 않았다. 기화요초가 만발하는 시절에도 내 눈엔 온통 동백만 들어온다. 동백에 대한 편애가 깊고도 깊다. 편애는 편파가 아니라 집중이다!

큰바다 한가운데 있어 어느 섬보다 산자수명한 까닭일까. 홍도의 동백은 화려하기 이를 데 없다. 단지 화려하기만 한 것이 아니라 처연함까지 겸비했다. 어찌 편애하지 않을 수 있을까. 동백의 시절이면 홍도는 온통 붉게 타오르는 동백으로 홍도라는 이름보다 더욱 붉게 빛난다. 4월의 홍도는 동백의 화원, 동백의 전시장이다.

홍도는 자체로 하나의 산인데 섬 중앙의 깃대봉 양쪽 기슭에 홍도1구와 2구 두 개의 마을이 자리 잡고 있다. 540여 종의 희귀식물과 231종의 동물(곤충 포함)이 살아가는 홍도는 섬 전체가 천연기념물이자 다도해해상국립공원이다. 동백나무의 정령들은 깃대봉 초입부터 도열해 여행객을 안내한다.

홍도는 석양 녘에 멀리서 바라보면 섬의 절벽이 붉은 옷을 입은 것처럼 붉게 물든다 해서 홍도란 이름을 얻었다. 홍의도라고도 했었다. 옛날 중국을 오가던 선단이 동남풍을 기다렸다 하여 대풍도(待風島)라 불리기도 했다. 『신증동국여지승람』과 『연려실기술』 등에서는 홍의도(紅衣島)로, 『조선왕조실록』 중 숙종실록에는 홍어도(紅魚島)로 등장한다. 조선시대에는 나주목에 속했다가 이후 지도군, 무안군을 거쳐 신 안군 소속이 됐다.

깃대봉으로 가는 동백나무숲 터널 아래 오른쪽 길가에는 두 기의 미륵이 서 있다. 풍어와 소원을 빌던 신앙물이다. 홍도의 성황당이었다. 고기잡이를 하다 그물에 걸린 미륵을 마을 주민들이 전망 좋은 이곳으로 모셔와 세웠다고 전한 다. 한 기는 본래 있던 미륵이 아니라 근래에 다시 세운 자 연석이다. 남자 미륵, 여자 미륵이 쌍으로 있었는데 2003년

홍도 동백터널 3월 말부터 4월 한 달 동안 홍도 분교에서 시작돼 깃대봉 산정에 이르는 숲길은 그대로 동백터널이다.

경 남자 미륵이 유실된 뒤 새로 세웠다. 지금도 가끔씩 무속인이 찾아와 기도를 올리고 간다.

일제의 원시림 파괴도 이겨낸 당숲

일제강점기에는 군수물자로 쓰기 위해 홍도에서 숯을 공출해갔다. 그 무렵 홍도 원시림의 대부분이 파괴됐다. 한때 18개나 되는 숯가마가 있었다 하니 얼마나 많은 나무들이 베어졌겠는가. 숯가마는 깃대봉 아래와 내연발전소 위쪽 웃골의 견산에 주로 있었다.

깃대봉 가는 길목에서 만나는 '정숙숯굴'도 그중 하나였다. 정숙숯굴은 1925년~1935년 사이 정숙이란 사람이 숯을 구워 공출했던 숯가마였다. 정숙숯굴에는 홍도2구인 석기미 사람들이 끌려와 노역을 했고, 견산의숯굴에서는 1구의 죽항마을 주민들이 노역을 했었다.

정숙숯굴은 직경 300~330cm, 높이 80cm 정도의 가마 벽을 자연석과 흙을 섞어 원형으로 만든 것이다. 숯가마 밖을 다시 외벽으로 둘러싸 가마의 불길이 새어나가서 산불이 나는 것을 방지했다. 숯은 참나무를 쌓은 뒤 아궁이에 불을 피워 참나무의 속까지 어느 정도 타면 가마 윗부분을 흙으로 덮어 두었다가 일주일 정도 식으면 꺼냈다.

깃대봉 너머는 홍도2구다. 1구 사람들이 관광업을 주업으로 삼고 있는데 비해 2구는 어업이 주업이다. 홍도2구의 본이름은 석기미다. 홍도해상유람선을 타고가다 끝자락쯤에 나타나 선상횟집을 여는 이들이 바로 2구 주민들이다. 1구는 관광업으로 큰 혜택을 보는데 상대적으로 2구 사람들은 소외됐다. 그런 2구 사람들이 조업해서 잡아온 물고기를 헐값에 넘기지 않고 제값 받고 팔 수 있는 곳이 선상횟집이다. 어부와 관광객 모두에게 좋은 선상횟집. 이는 홍도 유람선 여행의 또 다른 묘미다.

홍도1구 선착장 초입의 죽항제당이 있는 당숲도 빼어난 동백숲이다. 당숲은 대부분이 동백나무 군락인데 300년 이상 된 거목들이다. 당숲에 들면 신령스런 느낌에 자신도 모르게 경건해진다. 당숲에는 구실잣밤나무와 후박나무, 황칠나무 등의 거목도 있다.

당숲의 죽항제당은 1847년(헌종 13년) 감찰 벼슬을 한 김씨에 의해 건립되었다고 전해진다. 당숲은 마을의 산신이자 당할아버지다. 해마다 정월 초사흘 자시에는 신목인 동백나무 아래서 '산신제'가 모셔졌고 당할아버지 나무인 잣밤나무

홍도 죽항제당 홍도 당숲의 죽항제당은 해마다 정월이면 마을 사람들의 안녕과 평안을
기원하던 마을 신전이다.

아래서는 당할아버지를 모시는 제가 올려졌다. 당숲에서 당
제가 끝나면 선창가로 가서 풍어제인 '둑제'를 모시고 홍도
의 수호신인 '거북바위' 앞에서 모든 재액을 싣고 가라는 뜻
으로 '용왕허수아비'를 띄워 보내며 모든 제를 마쳤다.

　당제는 1972년 제관의 집에 우환이 들면서 중지되었고
이후 당집도 허물어 버렸다. 문화재청이 2007년에 당집과
제당을 복원했다. 일제가 숯을 공출하던 시절에도 감히 손
을 댈 수 없었던 신목들. 이곳에 여전히 원시림의 숲이 남아
있는 것은 당산 신의 영험함 때문이 아니겠는가.

홍도 남문바위 홍도 10경 중 제1경인 이 바위문을 통과하면 재앙이 사라지고 소원이 성취되며 만선을 한다고 전해진다.

16 영산도

고유의 가치를 지켜가는 섬 속의 섬

영산도에 이르는 길은 멀고도 아득하다. 목포항에서 직항이 없으니 흑산도까지 가서 또 한 번 배를 갈아타야 한다. 그래도 섬을 찾는 이들은 갈수록 늘고 있다. 불편하지만 섬에는 천연의 아름다움이 고스란히 남아 있고 또 비할 데 없이 고요한 까닭이다.

영산도에 발 디디는 순간 누구나 세상의 온갖 소음에서 해방돼 적막에 빠져든다. 온 국토가 공사판 같은 내륙의 소란함이나 자동차 소음도 없고, 오로지 철썩이는 파도 소리뿐이다.

섬 고유의 가치가 섬의 미래

다른 섬들과 달리 영산도는 입도객 수를 제한하기 때문에 주말이나 성수기에도 붐비지 않고 한적한 섬의 정취를 느낄 수 있다. 영산도 입도와 숙식은 예약제로 운영된다. 숙소와 식당은 모두 마을 주민들이 운영하고, 외부에서 해산물이 들어오는 것도 금지다. 오로지 섬에서 생산되는 해산물만 판매한다. 섬의 고유한 가치를 지키려는 노력들이 오히려 섬의 경쟁력을 높이는 요인이 되고 있다. 영산도는 한국섬의 미래다.

영산도는 느낌이 참 밝고 화사하다. 서남해의 섬들이 대체로 잿빛인데 비해 영산도 바다는 푸르고 투명하기 때문이다. 섬이 작으니 흑산도에서 건너온 우편배달부는 행낭도

영산도 마을 식당 영산도의 숙소와 식당은 모두 마을 주민이 운영하고, 입도와 숙식은 예약제로 운영하며 섬의 가치를 지키기 위해 노력하고 있다.

없이 우편물 몇 개를 손에 들고 다니며 배달을 한다.

마을 앞바다에서는 노부부가 다시마를 가득 실은 거룻배를 타고 섬으로 들어오는 중이다. 노인이 힘겹게 노를 저어 거룻배를 해변에 댄다. 노부부는 거룻배를 뭍으로 끌어올리려 애쓰지만 두 노인의 힘만으로는 어림없다. 노인은 정자 그늘에 쉬고 있는 마을 사람을 부른다. 정자에 있던 두 사람은 기다렸다는 듯이 달려가 배를 함께 끌어준다. 상생의 공동체가 살아 있다.

잃어버린 고향의 원형이 살아 있는 섬

항간에는 나주 영산포나 영산강의 이름이 영산도에서 비롯됐다는 이야기가 떠돈다. 고려 말 섬 지역 주민들을 내륙으로 강제 이주시킨 공도정책이 시행될 때 흑산도와 영산도 등의 섬 주민들도 나주 땅 남포강(영산강)변에 수용되면서 영산현이 생겼는데 그 이름의 연원이 영산도라는 것이다.

물론 확실한 근거는 없다. 더 큰 섬인 흑산도를 놔두고 굳이 작은 섬 영산도에서 현의 이름을 따왔다는 것도 납득하기 어렵다. 단정하기보다는 연구가 필요한 과제다.

영산도에는 지금 40여 가구가 살지만 1960년대에는 100

여 가구 1,000여 명이 넘는 사람들로 북적였다. 예전에는 액기미라는 작은 마을도 하나 더 있었으나 지금은 폐촌이 된 지 20년이 넘었고 큰 마을인 영산리만 남았다.

액기미는 뒷고을이라고도 했는데 액이 있는 사람은 들어오지 말라고 액기미라 했다는 설이 있다. 옛날 액기미 아이들은 도시락을 싸서 재를 두 개씩이나 넘어 학교에 다녔다. 외딴 마을이 싫어 액기미 사람들은 큰 동네로 넘어와 살고 싶어 했다. 그래서 큰 동네에 빈집이 나오면 바로 샀다. 촌에 산다고 액기미 아이들은 큰 마을 사는 친구들한테도 무시당했다. 뭍에서 보면 다 같은 낙도일 뿐인데 작은 섬에서도 그랬던 시절이 있었다.

마을 골목으로 들어서니 어느 집 마당에서 할머니 한 분이 참깨를 손질 중이다. "혼자 오셨소? 오메 심심해라." 참깨 가지를 보니 아직 덜 익었다. 그럼에도 일찍 베어온 것은 씨앗을 노리는 쥐와 새들 때문이다. 할머니는 쭉정이는 버리고 알이 여문 참깨만 골라낸다. 참깨 한 알이 얼마나 값진 것인지 비로소 알겠다.

담벼락 밑에는 뭍에서 택배로 온 복숭아 박스가 세 개나 쌓였다. 무슨 잔치라도 있는 걸까. "막둥이 딸이 큰 맘 먹고 보냈는디 복숭아 세 박스가 오다가 다 썩어버렸소." 섬에서는 나지 않는 복숭아, 어머니 드시라고 막내딸이 세 박스나 사서 보냈는데 운송 과정이 길어지는 바람에 대부분 썩어버렸다.

어미는 상한 복숭아만큼이나 속이 상하셨다. "정신 빠진 놈들이제. 붙였단 지가 보름이 넘었는데 이제사 당도했소. 그라니 견뎌 나겄소. 세 상자나 다 썩어 버렸소." 과일 하나도 제대로 맛보기 어려운 섬살이의 불편이다.

할머니는 상한 복숭아들 사이에서 멀쩡한 복숭아를 찾아내 건네주신다. "깎아 잡수시오." 몇 번을 사양하지만 할머니는 끝내 손에 쥐어주신다. 미안하고 감사하다. 나그네들을 환대하는 것은 섬의 오래된 풍습이다. 늘 나누며 살아온 섬사람들의 따뜻한 온기가 남아 있는 섬. 섬에는 이렇듯 잃어버린 우리 고향의 원형이 살아 있다.

두려움의 대상인 당산과 당신

마을길을 돌아 당산에 오른다. 석주대문, 문암귀운 등이 포함된 영산 8경 중 첫째가 당산찬송이다. 물론 8경이 옛날부터 있었던 것은 아니고 근래에 만든 것이다. 요즈음은 어디나 다들 8경이란 이름을 붙여서 홍보한다. 더러 10경이나 12경도 있지만 대다수는 8경이다. 관광객을 유치하려는 방책일 것이다.

그런데 어째서 8경일까. 대한 8경, 관동 8경 같은 8경의 원조는 중국의 소상 8경이다. 하필 8경인 것은 주역의 8괘와 연관이 있다. 춘하추동 4계절에 명승지를 음양으로 2개씩 배정해서 8경으로 정한 것이다.

당산으로 오르는 계단 길 중턱에 영산도의 신전인 당집이 있다. 당집에는 당산 조모님, 당산 조부님, 소저 아가씨, 별방 도련님, 도산신님, 김첨지 영감님 등의 신들이 좌정해 계신다. 예전에는 정월 초하루 당제를 지냈지만 당제의 맥이 끊긴지 여러 해다.

외지인들은 쉽게 오르는 당산이지만 정작 영산도 노인들은 올라보지 못한 이들이 태반이다. 당산의 신들에 대한 두려움 때문이다. "여그 사람들은 당에 잘 안 올라가요. 무선 것 아니께. 귀경 온 사람들이나 가지. 깨끗한 사람들이나 가제. 부정한 사람들은 절대 안 올라가. 동네 큰 집인디 함부로 들어가 쓰겄소. 주의 안하고 함부로 드나들다 먼 해를 입을지 몰라." "당산에 모신 신이 처녀 신이던데, 어떤 신인가요?" "애기씹디여? 한아부지 아니고?"

당집에는 당할아버지도 모시지만 신의 존영은 처녀 신인 소저 아가씨만 있다. 할머니는 정작 자신의 마을 신전인 당집에 어떤 신이 계신지도 잘 모르신다. 그만큼 두려운 곳이 당집이니 알려고 하지 않으셨던 게다. 평생 섬에 살았지만 당에는 한 번도 가보지 않았다. 당제를 모시는 것 또한 부정한 행위를 하지 않은 남자들뿐이라 더욱 그렇다.

섬 주민들의 전통 신에 대한 외경은 여전하다. 늘 사나운 파도와 태풍의 위협에 시달리니 더욱 그러할 것이다. 당산은 본래 초가였는데 낡아서 주저앉아버리자 서울의 향우회 사람들이 성금을 모아 다시 복원해주었다.

영산도 당은 흑산도 최고 당인 진리 당의 분당이다. 진리 당에서 처녀 신을 모셔다 건립했다. 영산도 당의 소저 아가씨가 바로 흑산도 진리 당의 그 영험하다는 처녀 신인 것이다. 옛날에는 이 작은 섬에서 3년에 한

영산도 당산의 소저 아가씨 흑산도 진리 당의 영험한 처녀 신을 모셔온 것이다.

번 씩은 꼭 소까지 잡아서 바치며 당제를 지냈을 정도로 당은 절대적인 신앙의 성지였다.

2박 3일 동안 제관들이 당에서 제를 지내고 내려오면 뱃머리에서는 용왕제를 지냈다. 이때는 모든 집들이 각각 정성껏 상을 차려와 제를 올렸다. 용왕제 때는 나무로 모형 배를 만들고 거기 허수아비까지 태워서 먼바다로 보냈다. 액운을 다 싣고 떠나달라고. 사람들은 모형 배에 돈도 찔러 넣고 소원도 빌었다.

모형 배를 진짜 배에 싣고 가 먼바다에 내려놓고 띄워 보냈는데 이때 모형배가 눈에서 안보일 때까지 안 엎어지고 잘 가주면 마을이 길할 징조고 띄우자마자 바로 엎어져버리면 마을에 액운이 낄 징조라고 여겼다.

어떤 해에는 그 모형배가 멀리 태도나 만재도까지도 흘러가 그 섬사람들이 줍기도 했다 한다. 위도 띠뱃놀이와 거의 흡사한 풍습이다.

소박하게 살아가는 명품 섬사람들

옛날에는 영산도에서도 돛을 세 개나 단 큰 배를 이용해 홍어잡이를 했다. 주로 태도 서바다와 홍도 뒤쪽 바다에 가서 많이들 잡아오곤 했다. 조기는 영산도 뒤편으로 더 멀리 나가 잡았다. 또 한때는 주머니처럼 생긴 그물인 낭장망으로 멸치를 잡았다. 돌미역, 돌톳, 돌김 등 해초도 채취했다.

요새는 바다도 가뭄이 들어 어느 순간부터 생선도 잘 안 잡히고 해초류도 예전 같지 않다. 기후변화와 환경오염, 어업기술 발전이 가져온 남획 등 복합적인 원인이 작용해 바다의 씨를 말리고 있는 것이다. 한동안 젊은 사람들이 생선을 기르는 가두리양식을 시도해보기도 했지만 그마저도 태풍 한 방에 끝나고 말았다. 요새는 바닷속에 뿌려서 키우는

영산도 앞바다 푸르고 투명한 빛의 이국적인 바다가 있는 영산도는 명품 섬으로 알려지면서 관광객들도 제법 찾는 섬이 됐지만 여전히 섬에는 노인들이 태반이다.

전복양식만 한다. 태풍이 직접 닿는 섬이다보니 농사도 쉽지 않다. 그래도 크게 욕심부리지 않고 살면 섬은 평화롭고 안온하다.

영산도가 명품 섬으로 유명세를 타고 식당과 숙박 시설이 만들어진 뒤 좋아하는 이들은 관광객들뿐만 아니다. 고향 떠나 살던 향우들이 더 기뻐한다. 출향했던 노인들도 많이들 다녀가셨다.

37년 만에 고향을 찾아왔다가 울고 간 노인도 있었다. 먹고 잘 데가 생겨서 고향에 오기 쉬워졌다고 너무들 좋아한다. 다시는 발을 못 디딜 줄 알았는데 찾아왔다고 감격스러워들 했다. 1년에 한 번씩이라도 꼭 다녀가겠다고 다짐을 하고 갔다.

여행자들도 고향 같은 정을 느끼고 가는 섬. 섬사람들의 고향이 이제는 모든 육지 사람들의 고향으로 자리 잡아가고 있다. 섬이야말로 이 시대 마지막 고향이다.

17 다물도
물 반 고기 반이던 서해의 해금강

흑산군도에는 홍도나 흑산도 못지않은 빼어난 풍광을 가진 절경의 섬들이 많다. 두 섬의 명성에 묻혀 드러나지 못하던 은둔의 섬들. 영산도도 그중 하나였으나 근래 부쩍 주목을 받으며 주가가 치솟았다. 하지만 여전히 낯선 섬들이 있다. 다물도와 대둔도가 대표적이다. 흑산도에서 불과 10분 거리에 있는 섬이지만 낙도 속의 낙도다. 존재란 기억의 지도에 없으면 있어도 있는 것이 아니다. 이번에는 흑산도의 이웃 섬, 은둔의 섬들을 향해 떠난다.

곳곳에 이야기가 넘치는 바다
다물도는 해상유람선을 타고 돌아야 진면목을 볼 수 있다.

일정한 인원이 모이면 흑산도항에서 유람선이 출발한다. 유람선을 타고 해상루트를 따라가며 듣는 선장의 설명에는 깨알 같은 재미가 있다. 앞목동굴, 풍년학바위, 칠성바위, 고래섬, 낙타섬, 촛대바위, 도승바위, 물개바위, 슬픈여, 해골바위, 홍어동굴……. 가는 곳마다 기암괴석이고 전설의 고향이다.

어찌 이토록 아름다운 풍경들이 잘 알려지지 않았을까 신기할 정도다. 해상 절경으로 유명한 홍도나 거문도 백도, 백령도 두무진이나 거제의 해금강에 결코 뒤지지 않는 풍경이다. 가히 서해의 해금강이라 할 만하다. 앞목동굴이나 칠성동굴 같은 해식동굴들 앞에 서면 바위도 뚫고 마는 파도의 강력한 위력에 새삼 놀라게 된다.

유람선이 작은 동굴 앞을 지나는데 갑자기 선장이 바위 틈에 학 한 마리가 있으니 잘 찾아보란다. 이 먼바다 바위틈에 웬 학이지 싶었는데 진짜 하얀 학 한 마리가 고즈넉이 서 있다. 누가 그려넣은 것처럼 선명한 바위 학의 자태가 사뭇 감탄스럽다.

풍년학바위에는 애틋한 전설이 깃들어 있다. 옛날에 이 바위 근처에 부부 학 한 쌍이 행복하게 살고 있었다. 그런

다물도 앞바다의 풍년학바위 누가 그려놓은 것처럼 학의 자태가 선명한 이 바위에는 목숨을 걸고 바다에서 일하는 섬사람들의 애환이 담긴 전설이 깃들어 있다.

데 어느 날 남편 학이 먹이를 찾아 나섰다가 태풍을 만나 휩쓸려 가버렸다. 남편 학은 끝내 돌아오지 않았다. 아내 학은 둥지를 떠나지 않고 남편 학을 내내 기다리다 굶어 죽고 말았다. 죽은 아내 학은 화석으로 굳어져버렸다. 아! 어찌 이것이 학의 이야기겠는가? 이 머나먼 섬에서 맹수처럼 사나운 파도와 맞서 살다가 사라져버린 섬사람들의 이야기가 아니겠는가.

옛날 흑산도 인근 사람들은 이 바위 학의 모습을 보고 길흉을 점치기도 했다. 매년 정월에 학이 작고 야위어 보이면 그해는 흉년이 들고 학이 크고 살쪄 보이면 풍년이 들 것이라 믿었다. 그래서 어느 때부턴가 바위 학의 이름은 '풍년학'이 됐다.

풍년학바위를 지나자 갑자기 바닷속에서 낙타가 한 마리 올라온다. 낙타섬이다. 뒤를 따라 춤추듯이 휘청거리는 모양의 바위가 나타난다. 일명 디스코바위다. 압권은 촛대바위(돛대바위)다. 뜬금없이 수면 위에 50미터나 불쑥 솟아오른 바위섬인데 영락없이 촛대 모양이다. 구름이 바위 중간에 걸리기라도 하는 날에는 촛대 모양이 더욱 뚜렷하다 한다. 신라시대에는 청해진의 장보고 선단이 당나라와 교역을 할 때 등대 역할을 했다고도 전해진다. 이 바다 또한 장보고의 해상 왕국이었음을 증명해주는 서사다. 촛대바위에 소원을 빌면 그 소원이 이루어진다는 전설도 있다. 기도하라! 바위든 바다든 구름이든 바람이든 무엇 하나 우리의 소원을 들어주지 않는 것이 있으랴! 이 한없이 맑고 투명한 바다에서라면.

다양한 물고기가 잡혀서 '다물도'

다물도는 면적 1.62km², 해안선 길이 13.5km의 작은 섬이다. 가장 높은 봉우리의 높이가 99.7m에 불과하다. 한때는 140세대 800여 명이 살았던 적도 있지만 지금은 250여 명이 다물리(다촌리)에 가족처럼 모여 살아간다. 1350년(충정왕 2년) 남평 문씨, 경주 최씨, 방씨가 흑산도 영산마을에서 이주·정착하여 마을을 형성했다고 전한다.

마을 앞바다에 해산물이 풍부하고 다양한 물고기가 잡힌 다 해서 '다물(多物)'이란 이름을 얻었다 전해진다. 다물마을 은 '다촌(多村)'이라고도 불린다. 목포와 바로 연결되는 여객 선은 하루 한 번뿐이고, 바다 중간에서 작은 배로 옮겨 타야 만 입도할 수 있다. 일명 종선이다. 그 외에는 목포에서 출항 해 흑산도에 기항하는 여객선 시간에 맞춰서 운항하는 도선 을 이용하면 직항이 아니라도 섬을 더 쉽게 드나들 수 있다.

지금은 흑산도 홍어의 명성이 높지만, 1960년대까지만 해도 작은 섬 다물도가 홍어잡이의 메카였다. 다물도 주민 들은 그에 대한 자부심이 크다. "그때는 흑산 홍어라 안 했 어. 다물도 홍어라 했지."

홍어는 겨울이 제철이다. 1970년대 흑산항 내 외영산 방 파제가 생기기 전까지 흑산항은 겨울이면 거세게 불어오는 북풍에 속수무책이었다. 그래서 겨울철 홍어잡이 어선들은 흑산항이 아니라 북풍을 피해 배를 대기 좋은 다물도 앞짝 지포구로 모여들었고 다물도에는 파시가 형성됐다.

앞짝지포구는 U자 모양의 만이라 호수처럼 잔잔하다. 겨울 북풍뿐만 아니라 여름 태풍까지 피할 수 있는 천혜의 항구다. 바로 앞 대둔도가 방파제 역할을 하기 때문이다.

다물도에서는 파시를 파수라 했다. 겨울부터 봄까지 흥청거렸다. 겨울이면 수백 척의 홍어잡이 배들이 몰려들었고 초봄 흑산도 조기파시에 몰려든 배들까지 합세하면 다물도는 날마다 불야성을 이루었다. 다물도파수 때는 아가씨가 서넛씩 있는 술집인 작부집만 열 집이 넘을 정도로 흥청거렸다. 그래서 다물도는 목포에 집이 있고 흑산도에 농토를 살 정도로 부자들이 사는 섬으로 이름 높았다. 지금은 파시의 흔적조차 없다.

두 섬이 이어져서 장구 모양을 이룬 섬

다물도는 생김새가 장구 모양이라 '장구섬'이라고도 불린다. 섬이 장구 모양이라 다물도가 부유했다는 풍수설에 기반한 이야기도 있다. 다물도가 장구 모양이라 주민들이 장구 소리처럼 큰소리를 치며 잘살았다는 것이다. 지금도 다물도는 흑산도 인근 섬에서 자연산 우럭잡이를 가장 많이 한다. 우럭 양식도 많다. 돌김, 미역 등도 많이 나오고, 장어, 농어, 숭어도 많이 잡히는 편이다.

장구 모양으로 생긴 섬의 잘록한 허리 부분인 앞짝지와 뒷짝지 사이에 마을이 있다. 짝지는 이 지역 말로 해변이다. 양쪽으로 짝지가 있다는 것은 마을 양쪽으로 바다가 있다는 얘기다. 다물도는 본래 각기 다른 두 개의 섬이었다. 두 섬 사이에 모래가 쌓이면서 연결돼 하나의 섬이 됐는데 그 연결 지점에 마을이 형성됐다. 그래서 언뜻 보면 위태롭다. 마을 앞뒤로 바다가 있으니 큰 파도라도 치면 마을을 덮칠 것만 같다. 그래도 섬은 수천 수백 년 동안 무사했다.

마을 선창가에 우두커니 앉아 있는 노인을 만났다. "배 사업으로 늙었소. 지금은 아들 일 돕고 있소. 첨부터 놈의 배 안 타고 내 사업을 했소. 중간에 망하기도 해갖고 고난도 많이 겪기도 했지. 예전에는 조기 잡았지. 전마선으로, 노 젓는 배로." 노인은 젊은 시절 노를 저어 다니면서 연승 낚시로 조기를 잡았다. 하지만 그 시절은 짧았다.

타 지방에서 큰 배들이 와서 그물로 조기를 싹쓸이해버리니 섬사람들은 작은 배로는 큰 배들의 천분의 일도 못 잡았다. 그래도 열 동, 스무 동씩은 잡았다. 한 동이 1,000마리니 열 동이면 만 마리다. 적게 잡은 것이 그 정도였으니 그 당시 이 바다는 그야말로 물 반, 고기 반이었다. "그때는 조기도 다 굵고 그랬지. 조기 유자망도 해봤어. 요새는 잘잘한 거 밖에 안 잡혀." 노인은 풍성했던 옛 시절을 떠올리며 회상에 잠긴다.

"돈 벌었으면 뭐해요. 어디로 가빈지도 모르고. 골병만 남았소. 작년엔 고대병원서 1년 살다 나왔소. 옛날에 그땐 장비가 있었나. 나침반 하나만 갖고 다녔지. 그래도 사고가 없었어. 지금 기계가 좋아도 사고가 나는 건 기계 믿고 자버려서 그래. 안 보고 있다가."

홍어파시, 조기파시가 서던 시절 다물도에는 고흥과 덕적도 배들이 특히 많이 들어왔다. "요 앞 모래 바탕에 배를 삥 둘러서 2중으로 대놓고 그랬어. 풍악을 울리고 춤추고 놀고 그랬지. 충청도 어부들은 사람도 양반이었어. 이 앞짝지에만도 색시집들이 대여섯 집 됐어. 객지 사람들이 쌈하고 난리였지." 당시에는 한국 배뿐만 아니라 중국 배, 일본 배들까지 왔었다.

다물도에도 어선이 20여 척이 있었는데 감척이 되면서

이제는 10여 척만 남았다. 양식업을 하려고 감척했다가 다들 후회하고 있다. 우럭양식을 해보니 사료값은 너무 비싼데 생선값은 싸서 수지가 맞지를 않았다. 노인의 이야기는 끝이 없다. "울 아버지가 학교를 설립했었어. 아버지가 돈을 많이 벌었는데 애들 가르친다고 학교를 세웠어. 11남매 중 막내였어. 맨날 가슴 터지는 일만 있었지. 젊어서는 돈도 많이 벌었는데 돈은 얼로 가고 남은 게 없어." 예전엔들 아니랴마는 지금은 오로지 술과 벗하면서 여생을 살아간다. "술밖에는 속을 알아준 게 없어요. 복잡한 일 있을 때 한두 병 먹으면 세상만사 다 잊어져요."

그래도 노인에게 별다른 회한은 없다. 그저 귀한 집 딸 데려다 평생 고생만 시킨 아내에게 미안할 뿐이다. "술 먹고 고생 많이 시켜버렸소." 배 타고 전국의 바다를 떠도는 어부의 삶이었으니 오죽했을까. "여자는 그전 일을 절대 안 잊어요. 남자는 다 잊고 산다. 40년 전 일을 어제 일처럼 이야기해요. 무서워 여자들." 젊은 시절은 내내 남의 배를 탔다. 버는 대로 술집에 가져다줘 버렸다. 그 사이 어린 자식들 키우고, 부모님 모시는 일은 아내의 몫이었다.

40대부터는 부부가 둘이 함께 어장을 해서 먹고 살 만큼 돈도 벌었고 자식들도 잘 키웠다. 그 사이에 곱던 색시는 꼬부랑 할멈이 돼버렸다. "젊어서 잘했어야지. 늙어서 미안하다 해봤자 소용없지. 미안해 봤자 어쩌겠소." 뒤늦게 미안하다 해봤자 어쩌겠는가. 노인의 말씀이 가슴을 친다. 늘 깨달음은 뒤늦고 후회는 부질없다.

엉킨 낚싯줄 같은 인생

노인의 푸념을 듣고 돌아서니 해변이나 마을 골목 구석구석 노인들이 둘러앉아 연승 낚싯줄 손질에 여념이 없다. 연승 어선은 한 번 조업을 나갔다 오면 뒤엉킨 낚싯줄을 풀고 낚싯바늘도 보충을 해야 다음 조업을 할 수 있다. 이제 그 일은 마을 노인들의 소일거리가 됐다.

교회를 다닌다는 87세 할머니는 그렇게 번 돈을 교회에 봉헌하고 병원비로도 쓴다. "돈을 벌라고 한 게 아니고 일하러 안 오면 치매도 오고 그란께. 살만치 살았지. 하나님이 부르면 오늘이라도 가고."

할머니는 서울에 자식들이 살지만 매번 가도 적응이 안 된다고 하신다. 아파트 문도 잘 못 열겠고. 문도 몇 개씩이나 거쳐야 하고. 그래서 다물도가 편하다.

사진기를 들고 있는 나를 본 할머니가 걱정스럽게 한마디 하신다. "사진을 찍어야 돈을 버실 텐데 어짜까잉 환갑 때 찍고, 진갑 때 찍고 다 찍어 놔부러서." 떠돌이 사진사로 아신 모양이다. 떠돌이 사진사 밥 굶을까 걱정이신 할머니가 눈물 나게 고맙다.

"산 단기 너무 힘드요. 이런 거 해갖고 병원에 다 갖다 주고. 더 살면 머 할 것이요." 어렵게 엉킨 낚싯줄을 풀어주는 고단한 노동으로 몇 푼이라도 벌면 그걸 다 병원비로 쓴다. 섬뿐이랴. 우리 농어촌 노인들의 현실이다. "사람 욕심은 그

낚싯줄을 손질하는 할머니 조기잡이에 쓰이는 연승 낚싯줄을 손질하는 것은 섬 노인들의 소일거리가 되었다.

런 게 아닝께 또 앉아서 하요." 더 살면 뭐 할 거냐고 푸념하시지만, 삶에 대한 애착은 쉽게 접어지는 구리선 같은 것이 아니다. 삶 또한 끝날 때까지 결코 끝난 것이 아니다!

"자식들한테 우선 부담을 안 줄라께. 다리랑 온몸을 못 써비요. 육신 아퍼 갖고는 안 죽는가봐. 오장은 성한께 밥은 묵고. 욕심으로 이라고 앉아서 일하요. 수도 없이 고생했소만 그래도 아직 고생을 덜 했던 모양이요. 고생이 많이 남은 모양이요. 우리 어른은 좋은 곳으로 하늘나라로 갔다우. 우리 영감은 복 받았지. 딱 일주일만 아프다 가버렸어. 자식들, 할멈 고생 안 시키고. 딱 칠학년 육반에 가버렸어. 아들은 이런 일 못하게 하요. 벌어봤자 병원비로 다 나가버리니." 연승 낚싯줄만큼이나 할머니 고통은 길고 질다. "사는 일이 슬퍼요." 할머니가 슬프시니 나도 슬프다. 삶은 유한한데 슬픔은 끝이 없다.

18 대둔도
시대를 앞서갔던 세 명의 섬사람

『자산어보』는 조선시대 최고의 어류도감이다. 저자인 손암 정약전은 다산 정약용의 형으로 더 친숙하다. 1801년(순조 1년) 신유사옥이 일어나면서 손암은 그의 아우 다산과 함께 유배형에 처해졌다. 다산은 강진으로, 손암은 흑산도로 갔다. 절해고도에서 16년 형극의 세월 동안 이루어낸 연구 활동의 성과가 『자산어보』다.

　『자산어보』에 담긴 연구 성과가 과연 손암 혼자만의 것일까. 아니다. 이는 창대라는 인물과 공동으로 일군 업적이다. 그래서 손암도 서문에 "책을 쓰는 데 큰 도움을 준 이가 있다"며 감사의 인사를 남겼다.

정약전과 함께 물고기를 연구했던 창대

나는 어보를 만들려는 생각으로 섬사람들을 널리 만나보았다. 그러나 사람마다 말이 다르므로 어느 말을 믿어야 할지 알 수 없었다. 그러다가 어느 날 창대(장덕순)라는 소년을 만났다. 창대는 늘 집안에 틀어박혀 손님들을 거절하면서 고서를 탐독했다. 나는 마침내 이 소년을 맞아들여 함께 묵으며 물고기 연구를 시작했다.

— 정약전 『자산어보』 서문에서

서문뿐만 아니라 『자산어보』 곳곳에 창대의 말이 직간접적으로 인용되어 있다. 손암은 창대에게 세 편의 시를 지어 헌사하기도 했다. 그만큼 창대의 공이 컸음을 알 수 있다. 다산 정약용의 저서 『여유당집』에 손암이 창대에게 써준 시가 남아 있다.

나주 바다 서쪽에 한 선비가 기이하니
평생 본 적 없지만 서로 마음을 알았네
엄능처럼 인간사 초개같이 여겨

동강에 물러나 낚시줄이나 손질하네

여러 정황상 책을 저술한 이는 손암일지 모르지만『자산
어보』의 연구 성과는 손암과 창대의 공동 업적이라 해야 맞
지 않을까. 안타깝게도 사람들은 손암만 기억하고, 창대는
존재조차 모르는 이가 태반이다.

『자산어보』의 공동연구자 창대의 본명은 장덕순이다. 창
대의 고향이 흑산도 바로 앞 섬 대둔도다. 대둔도에는 특별
히 빼어난 풍광이나 특산물이 있는 것도 아니어서 섬은 한
미한 어촌으로 남아 있고 세상에 그 이름을 떨친 바도 없다.

손암 시비 대둔도 선착장에 정약전이 창대에게 헌사한 시비가 세워져 잊혀졌던 창대를 기
억할 수 있게 되었다.

근자에 섬의 문지방인 선창가에 손암이 창대에게 헌사한 시비가 세워졌다. 대둔도에 창대의 기념비 하나 없는 것이 안타까워 내가 시비 건립을 제안했고, 박우량 신안군수가 그 제안을 기꺼이 받아서 시비를 세웠다. 고맙고 또 고마운 일이다. 섬에는 창대의 묘지도 남아 있고 그의 후손들도 살고 있다.

정조도 탄복한 민권운동가 김이수

대둔도는 조선시대 섬 민권운동의 선구자인 김이수의 고향이기도 하다. 김이수는 가혹한 세금으로 고통받는 흑산도 섬사람들의 아픔을 덜어주기 위해 한양까지 올라가 정조임금 행차 앞에서 격쟁을 울려 호소했던 이다. 『일성록』에 관련 기록이 남아 있다.

좌의정 채재공이 아뢰기를 "흑산도의 거주민 김이수의 격쟁 원정으로 …… 당초에 생산되는 닥나무가 있었으므로 세조(稅條)를 떼어주어 환무(換貿)해서 바치도록 한 것입니다. 그러나 근래에는 닥나무가 멸종되었으니 이는 거의 밀가루도 없는데 수제비를 만들어내라는 것과 같습니다. 둔

세(屯稅)와 신역(身役) 외에 또 이와 같은 군더더기 역이 있
으니 의당 바로잡아 혁파하는 방도가 있어야 합니다."

당시 김이수는 흑산면 대둔도 주민이었다. 그 무렵 흑산
도 사람들은 닥나무로 종이를 만들어 세금으로 냈는데 닥나
무가 모두 사라져버린 후에도 관에서는 닥나무 세금을 그
대로 거둔 탓에 주민들의 고통이 막심했다. 오죽하면 당대
의 명재상 채제공이 "밀가루도 없는데 수제비를 만들어내라
는 것과 같다" 했을까. 결국 김이수는 1791년(정조 15년) 한양
까지 올라가 정조의 행차를 가로막고 격쟁을 올렸다. 격쟁
은 임금의 행차 길에 징이나 꽹과리를 쳐서 억울한 일을 왕
에게 직접 호소하는 호원제도였다. 김이수의 격쟁을 접한
정조는 조사관을 흑산도까지 파견한 뒤 보고를 받고 닥나무
세금의 폐단을 종식시켰다.

고관대작 양반들도 못한 일을 작은 섬의 평민 한 사람이
해냈다. 그는 얼마나 큰 사람인가. 그런데 오늘 그의 이름을
기억하는 이가 몇이나 될까. 혹시 그가 평민이라 그런 것은
아닐까!

벼슬 없던 섬사람의 쓸쓸한 묘

목포에서 대둔도로 가는 여객선은 하루 한 번 기항한다. 작은 섬의 비애다. 하지만 흑산도로 에둘러 가는 방법도 있다. 배편이 많은 흑산도에서는 여객선 시간에 맞춰 대둔도행 도선이 오고간다. 흑산도에서 대둔도와 다물도 두 섬으로 운항하는 도선은 일종의 마을버스다. 대둔도에서만 오리, 수리, 도목리 세 군데 마을을 다 기항한다.

오리는 오동나무가 많아서 생긴 이름이다. 이곳은 창대가 살던 마을이다. 수리는 물이 풍부한 마을인데 김이수의 고향이다. 도목리는 우럭양식장이 많다. 오리마을 앞바다도 가두리양식장으로 빈틈이 없다. 대부분 우럭양식장이다. 섬에서는 211가구 375명의 사람들이 살아간다. 오리가 70여 호, 수리가 90여 호, 도목리는 40여 호다.

창대의 묘는 오리에서 도목리 가는 길목의 철 계단 끝 산기슭에 있다. 대대로 대둔도에 거주하는 장씨 집안에서 벌초를 해왔다 한다. 안내자가 없으면 찾기도 어려운 창대의 묘 앞에 서자 문득 쓸쓸함이 밀려온다. 창대가 큰 벼슬을 지낸 이었다 해도 이랬을까. 섬사람이었기에 받는 푸대접이 아닐까.

창대의 묘에서 내려와 그가 살았던 오리마을로 들어선다. 창대는 인동 장씨 무안파다. 오리에는 그의 방계 후손들이 살고 있다. 후손이 보여주는 인동 장씨 족보에도 그의 이름 덕순이 뚜렷하다. 족보에 따르면 창대는 인동 장씨 무안파 대둔도 입도조인 장두우의 손자다. 아버지는 장필홍. 후손들의 창대할아버지에 대한 자긍심이 크다. 나라에서도 손암 못지않은 대접을 해줘야 마땅하지 않을까.

오리마을 안 골목에 동네 여인들이 모여 고동을 까고 있다. 반찬도 하고 자식들에게 보내려는 것이다. 동네에 식당이 없으니 밥 먹을 곳이 없다. 고동을 까던 아주머니 한 분이 라면이라도 끓여주겠다고 하신다. 그러지 마시라고 괜찮다고 하니 고동을 한 움큼 건네주신다. 주린 배에 허겁지겁 고동을 집어넣는다. 고소한 맛이 일품이다. 아주머니 한 분이 고동은 그만 먹으라며 삶은 홍합을 건네주신다. 고동을 많이 먹으면 배가 아프기 때문이다. 식당이 없는 섬이라도 나는 끼니를 굶은 적이 없다. 이 나라에 섬들만큼 인정이 살아 있는 땅이 또 있을까?

수탈에 시달리던 섬사람들의 구세주

김이수의 묘지는 흑산도 진리에 있다. 그의 고향 대둔도 수리는 김이수길이란 도로명 주소로 그의 생애를 기억하고 있다. 김이수가 살던 시대는 영조와 정조의 시대였다. 그는 개혁 군주 정조에게 직접 호소하는 격쟁이야말로 관리와 토호들의 수탈에 시달리는 섬 주민들을 구제할 수 있는 방법이란 사실을 알고 있었다. 그만큼 시대를 보는 눈이 깊었던 것이다. 그 시절 섬 지방에는 수탈에 시달린 섬사람들이 섬을 버리고 탈출하는 일이 비일비재했다.

김이수는 관과 토호들의 수탈을 근절시키기 위해 40년 동안이나 민권운동을 전개했고 마침내 한양까지 올라가 정조 임금 앞에서 격쟁을 울렸던 것이다.

격쟁으로 닥나무 세금의 폐단을 종식시키기 전에도 김이수는 섬사람들의 권리를 지키기 위한 싸움을 지속했다. 1767년에는 기와를 운반하는 부역을 혁파했으며, 1772년에는 고등어세를 혁파하였고, 1782년에는 콩에 대한 첩세 문제를 해결했고, 1789년에는 청어세의 감면을 건의하였다. 김이수는 그야말로 흑산도 인근 주민들의 구세주였다.

김이수보다 먼저 정조 임금 앞에서 격쟁을 울려 백성들

의 고통을 덜어준 이가 통영에도 있었다. 당시 삼도수군통제영 사령부가 있던 통영의 일부 바닷가와 섬은 13살에 죽은 명종의 아들 순회세자의 후손들이 사는 용동궁에 귀속되어 있었다. 이 지역 주민들은 삼도수군통제사의 통제 밖에 있던 용동궁 도장(조세청부인) 무리의 지나친 수탈에 시달렸다. 정조 즉위년인 1776년 통영 사람 탁성찬의 아내 월성 정씨 부인은 칠십 고령에도 주민들의 고통을 해소하기 위해 아들 봉익과 함께 천리 길을 걸어 한양까지 갔고 정조 임금의 행차 앞에 격쟁을 울려 호소했다. 그 덕에 어민들은 전복 진상을 면제받게 됐다. 김이수는 통제영 월성 정씨 부인의 이야기를 듣고 격쟁 원정을 결심했던 것은 혹시 아닐까? 흑산도의 흑산진 또한 삼도수군통제영 산하 전라우수영 관할이었다. 바다를 통한 해상 교류가 활발했던 시대이니 정보의 교류 또한 활발했을 터다.

김이수의 집안인 김씨 문중의 문헌에는 그가 격쟁을 위해 한양으로 떠나기 전에 했던 말이 기록으로 남아 있다. "말하기가 어려운 것이 아니라 듣기가 어려운 것이다." 소통의 군주였던 정조 임금에 대한 믿음이 느껴지는 기록이다. 김이수의 격쟁에 대한 이야기는 『조선왕조실록』, 『승정원일기』,『비변사등록』등 관찬사서 여러 곳에 기록되어 있다. 그의 격쟁이 당시 얼마나 큰 화제였던가를 알 수 있는 대목이다. 정조는 김이수의 활동에 감복해서 왕실 족보인 선원보를 간행하는 선원록청의 서사랑청직을 제수했다.

전설적인 무역상 박동지

작은 섬이지만 장창대와 김이수 등 시대를 앞서간 인물을 배출한 섬이니 대둔도는 결코 작은 섬이 아니다. 두 선인의 뒤를 이어 또 한 사람 당대를 주름잡은 인물이 있었으니, 그는 박동지라는 전설적인 무역상이다. 그의 이야기는 두 인물에 비해 알려진 것이 거의 없다.

오리마을에는 그의 묘지가 아직 남아 있다. 박동지는 대규모 선단을 운영해 영산포와 중국 간의 무역을 했는데 위세가 얼마나 대단했던

박동지 묘의 비석 벼슬을 한 사람이 아니면 갓 쓴 비석을 세우지 못했으나 벼슬을 한 적 없던 박동지의 비석은 갓을 썼다. 그만큼 권세가 막강했다는 증거다.

지 영산강 해적들도 박동지의 배를 만나면 알아서 물러섰다고 할 정도였다. 장보고의 후예라 할만 했다.

대둔도는 중계무역의 중간 거점이자 창고였다. 이곳에 엄청난 규모의 물품 창고가 있었다 한다. 그런데 어느 해 무역선단이 갑자기 역풍을 만났다. 결국 선단 전체가 침몰하고 말았다. 그와 동시에 창고에도 불이 나서 박동지의 재물이 일순간에 사라져 버렸다. 그럼에도 박동지 후손들은 모두 장군을 지냈다 한다.

박동지가 활동하던 때는 대원군 시절이었다. 쇄국정책이 가장 강성했을 때니 아마도 박동지는 밀무역을 했을 것이다. 박동지와 그의 상단에 대한 자세한 조사가 이루어진다면 해상무역의 귀중한 역사가 복원되지 않을까. 해상 교류의 시대를 상상하는 것만으로도 사라진 섬들의 역사가 되살아나는 듯 생생하다.

19 태도군도

바다에 의지해 살아가는 섬 해녀들

홍어의 대명사는 흑산도 홍어다. 하지만 한국에서 홍어가 가장 많이 잡히는 해역은 옹진군 대청도 부근 어장이다. 대청도, 소청도, 백령도 등은 옛날부터 홍어잡이로 큰 소득을 올렸다. 그런데 어째서 흑산도 홍어가 이름 높을까. 그것은 바로 태도 서바다에서 잡히는 홍어 때문이다. 평상시에는 대청도 백령도 인근 바다에 살던 홍어 떼가 가을철이면 남쪽으로 이동해 봄까지 머무른다. 이때가 산란기이기 때문이다. 산란기 홍어는 살이 찌고 영양가가 많아져 맛이 들대로 든다. 이 산란기 홍어가 모여드는 곳이 흑산도 인근 태도 서바다이다.

흑산도 홍어의 원류

흑산도에서 가거도 가는 뱃길에 있는 세 섬, 상태도, 중태
도, 하태도 등을 태도군도라 부르는데 태도군도 서쪽 바다
가 홍어의 산란장인 태도 서바다이다. 조선 정조 때 표류해
서 필리핀과 오키나와까지 표류했다 돌아온 홍어 무역상 문
순득이 홍어를 사서 싣고 영산포로 향하던 곳도 태도 서바
다였다.

태도야말로 흑산 홍어, 홍어 문화의 원류다. 흑산 홍어가
유명하고 남도 쪽이 홍어 시세를 더 쳐주니 대청도 인근에
서 잡힌 홍어들도 대부분 목포 지역으로 들어온다. 국내산
이라 해서 다 흑산 홍어는 아니다. 산란철 태도 서바다에서
잡힌 것이라야 진짜 흑산 홍어다.

하태도에서 만난 어르신은 어린 시절 서바다에서 나는
크나큰 홍어들을 직접 보고 자랐다. 지금은 진짜 흑산 홍어
가 없다고 한탄하신다.

"서바다에서 나는 홍어, 그 홍어가 진짜예요. 암치 하나
가 12~3kg까지 나가는데 지금은 많이 나가야 7~8kg밖에
안 나가요. 그게 진짜 원조 홍어였어요. 지금은 대청도, 백
령도에서 잡아오죠. 그러니 진짜 흑산 홍어가 아닌 셈이요."

태도 서바다 중에서도 홍어가 가장 잘 잡히는 포인트는 느리섬과 어린여다. 오랫동안 태도 사람들도 홍어잡이를 했었지만 1990년대 중반부터 태도에는 더 이상 홍어를 잡는 어부들이 없다.

예전에는 낚싯바늘에 미끼를 끼워서 홍어를 잡았다. 홍어는 비리거나 상한 미끼는 잘 먹지 않는다. 그래서 고등어나 전갱이 같은 생선보다 노래미 같은 흰살생선을 미끼로 사용해 홍어를 잡았었다. 미끼를 쓸 때는 주낙을 놓았다가도 반나절 안에 건져냈다. 시간이 더 지나면 미끼를 놓아봐야 무용한 까닭이었다. 그래서 그때 잡힌 홍어들도 더욱 싱싱했다.

하지만 걸낙이 나오면서는 더 이상 미끼를 쓰지 않는다. 걸낙은 미끼 없이 잡는 주낙이다. 일종의 덫이다. 낚싯바늘이 촘촘히 매달린 주낙을 홍어가 다니는 길목에 길게 깔아 놓고 지나가다 걸리는 홍어들을 잡는 것이다. 그러니 잡힌 홍어를 바로 바로 건져오지 않고 바다 속에 오래 놔두는 경우가 많다. 아무래도 죽은 채로 오래 물속에 있다 보면 바로 건진 홍어보다 찰진 맛이 덜할 수밖에 없다. 어업 기술의 발달로 낚시는 쉬워졌지만 맛은 예전만 못하다고 주민들은 입을 모은다.

해태가 많이 나는 섬이라 '태도'

고려시대 말부터 시작되어 조선시대 들어 본격화된 공도정책으로 오랫동안 비워져 있던 하태도에 다시 사람살이가 시작된 것은 1650년(효종 1년)이다. 밀양 박씨 박행서가 흑산도에서 이주해 오면서부터 마을이 형성됐다고 전한다.

하태도 4곳에서는 패총이 발견됐다. 패총에서는 타제석기, 점토대토기, 흑회색 토기, 흑갈색 토기, 무문양의 사질계 토기 등이 출토되었다. 이토록 머나먼 섬에도 선사시대부터 사람들이 살았다는 증거다.

태도군도의 섬들인 상중하태도는 내륙 사람들에게 낯선 이름이다. 난생처음 그 이름을 들어본 사람들이 태반일 것이다. 상중하태도는 부근의 홍도, 흑산도, 가거도, 만재도 같은 이름난 섬들 사이에 있는 듯 없는 듯 그렇게 무명으로 숨겨져 있는 낙도다. 낙도들 중에서도 가장 먼 섬이다.

목포항에서 하루 단 한 번 여객선이 다니는데 쾌속선으로도 3시간이나 걸리는 뱃길이다. 직항이 없었을 때는 목포 한번 나갔다 오려고 하면 당일로는 어려웠다. 새마을호 타고 흑산도로 나가서 하룻밤을 자고 또 배를 갈아타야 나갈 수 있었다. 2007년 이전까지만 해도 이틀에 한 번씩 여객선이 다녔으니 그때에 비하면 하루 한 번뿐인 뱃길이지만 지금은 고속도로가 놓인 셈이다.

태도란 이름은 해태가 많이 나는 섬이라 해서 붙여진 것이라 한다. 전라도 섬 지역에서는 김을 해태라 한다. 고만고만한 세 개의 작은 섬인 상태도, 중태도, 하태도는 바로 이웃해 있다.

흑산도에서 가까운 섬이 상태도인데 주민등록상 45가구 73명, 가장 작은 섬인 중태도에는 12가구 22명이 산다. 하태도는 세 섬 중 가장 크고 출장소와 학교, 보건소 등 행정기관이 있는 중심 섬이다. 크다 해 봐야 83가구 153명이다. 상태도와 중태도는 5분 거리고 상태도와 하태도는 20분 거리다.

물질과 양식으로 살아가는 섬사람들

상태도는 비탈진 언덕에 집들이 위태롭게 들어서 있는데 낚시꾼들이 많이 찾는 낚시 천국이다. 태도 섬사람들은 농토가 적으니 전적으로 바다에 의지해 살아왔다. 홍어 같은 물고기나 미역, 돌김 같은 해초류를 목포나 영산포에 가져다 팔고 식량을 사다 먹었다. 비탈밭에 고구마나 보리를 심기도 했지만 그런 식량은 금방 떨어져 잠깐의 먹거리밖에 되지 못했다.

태도 섬들에 사는 여자들은 대부분 본업이 물질이다. 제주에서 잠녀라 하는 해녀를 흑산도와 태도 인근 지역에서는 물에꾼이라 부른다. 완도 평일도 지역에서 무레꾼이라 부르는 것과 비슷하다.

상태도에 9명, 하태도에 13명의 해녀가 있다. 해녀 물질의 역사는 길다. 『삼국사기』고구려 본기 문자왕 13년(503년)에는 "가(珂, 전복에서 나온 진주)는 섭라(涉羅, 탐라국의 또 다른 이름)에서 생산된다"는 기사가 있다. 흑산 해역에서도 그 무렵부터 물질하는 물에꾼들이 있지 않았을까?

세 섬 중 유일하게 하태도만 양식을 한다. 섬 입구에 만이 형성돼 있어서 태풍으로부터 안전한 까닭이다. 예전에는 가두리에서 우럭도 키웠지만 육지와 너무 먼 탓에 먹이 조달이 쉽지 않았고 유통 경비도 많이 들어 이내 접었다. 그래서 이제는 8~9가구가 전복가두리양식만 한다. 전복양식도 하고 물고기도 잡는 선장님이 막 양식장에 다녀오는 길이다.

서남해 섬들이 가장 무서워하는 것은 태풍이다. 정면으로 맞아야 하기 때문이다. 항구가 남쪽을 등지고 있다 해서 안심할 것은 못된다. 태풍이 섬 부근에 와서 돌아쳐버리면 더 무섭다. 많은 태풍이 휘몰아쳐 갔지만 지난 15년간은 큰 피해가 없었다. 아파트 3~4층 높이로 파도가 쳐도 가두리 양식장에서는 사고가 없었다.

여기에 비하면 흑산도는 안방이나 다름없이 안전한 항만 안에 가두리양식장이 있는데도 사고가 잦다. 이유는 태풍 때문이 아니다. 가두리양식장이 밀집되어 있기 때문이다. 적당한 간격으로 양식장을 만들어야 피해가 없는데 밀집해

하태도의 해녀 태도 섬에 사는 여자들의 본업은 대부분 물질이다. 이들 해녀를 태도 인근에서는 물에꾼이라 부른다.

있으니 바람이나 파도에 의한 직접 파손보다 가두리끼리 서로 부딪쳐서 파손되는 일이 많다. 그러고 보면 자연재해의 절반은 인재다. 인간의 끝없는 욕망이 만든 인재.

작은 것도 나누고 싶은 하태도 할머니

하태도 바닷가 허름한 오두막집 하나가 곧 쓰러질 듯이 위태롭다. 어두컴컴한 부엌에서 할머니는 방에 불을 때는 중이다. 아직도 나무로 난방을 하고 음식을 해 드시는 할머니. "새끼들은 다 도시 가 사요. 큰 아들은 포항 살고, 큰 딸은 목포 가 살고. 나는 오두막 하나 갖고 사요."

88세 할머니는 아직도 정정하시다. 방에 군불을 땐 할머니는 어선 부리는 집 생선 배를 따주고 얻어온 생선들을 깨끗이 씻어서 소금에 절인다. 자식들에게 보내줄 요량이다. 눈물 나는 생선이다. "식사는 안자셨소?" 할머니는 처음보는 나그네가 배곯을까 걱정부터 하신다.

할머니도 젊어서는 해녀 노릇을 했더랬다. "젊은 여자들은 물에 대니고 한디 우리는 늙었으께 안 대니요. 물질은 아주 선수지라." 할머니는 만재도에서 살다가 하태도로 건너왔다. "자식들 보기도 어렵고 외롭지 않으세요?" "어째 안

외롭겠소. 외롭제만은 글로알고 살제라우."

자식들이 보고 싶으면 가끔 뭍에 나갔다 오시기도 한다. "보고 싶제라. 보고 싶으면 갔다가 오고 그라요." 고달픈 섬 살이, 물속에서 평생을 산 할머니. "물질로 물질로 살았제 라. 전복 잡고 미역, 우무 내고 그랬지라. 이자는 물질도 못하고. 늙어지께." 할아버지는 배 타고 다니면서 돈을 벌었고 할머니는 물질해서 돈을 벌어 자식들은 모두 뭍에다 공부를 시켰다.

지금도 섬에 사는 게 마음은 편하다. 봄에는 돌김을 채취해서 말려 팔고 가을까지는 다른 해초나 생선 손질을 해주며 산다. 큰돈은 안 돼도 일하면서 이웃이랑 어울려 사는 것이 좋다. 그 지독한 고생을 하고 사셨지만 섬 노인들은 가진 것이 없다. 그런데도 자신보다 남 걱정을 먼저 해주시고 작은 것이라도 나누고 싶어 안달이시다. 저 지독한 이타성은 어디에서 오는 걸까. 더 많은 부의 축적이 더 많은 나눔으로 연결되지 않는다는 진리를 다시 확인한다.

상태도 민박집에서 유숙하고 상태도 마을을 산책 중인데 어느 집에서 사람들 두런거리는 소리가 들린다. 돌담으로 둘러싸인 집, 대문이 없어 홀린 듯이 불쑥 마당으로 들어선다. 할머니 세 분이 밥상을 차려놓고 아침을 드시는 중이다. 이웃에 홀로 사는 분들이다.

"어서 오시오. 밥 한술 뜨고 가시오. 차린 건 없지만." 불청객의 등장에도 놀라지 않고 대뜸 밥상으로 초대해주시는 주인장. 나도 염치불구하고 밥상에 끼어 앉는다.

노릇노릇 구워진 방어머리구이가 밥상에 올라가 있다. 맛이 들어 기름진 방어구이가 입에서 사르르 녹는다. 오늘도 호사를 누린다. 작은 섬, 낙도일수록 이런 초대를 자주 받는다. 늘 사람이 그리운 외딴섬 사람들. 그래서 섬에 왔다는 것만으로 귀한 손님 대접을 받는다. 이런 경계심 없는 인정이 섬이 아니라면 이 땅 어디에 또 남아 있을까.

상태도는 태도군도에서 흑산도 쪽에 가장 가까운 섬이다. 하나뿐인 마을은 비탈진 산자락 끝에 위태롭게 들어앉아 있다. 상태도에는 45가구가 주민등록이 되어 있지만, 실제로 25가구만 거주한다. 나머지는 여름 한철에만 들어와 해초 작업을 한 뒤 나가니 섬이 곧 직장이다.

비정규직 철폐를 위해 목숨을 바친 이용석

상태도 선착장에는 흉상 하나가 서 있다. 이 섬에서 태어난 독립투사일까. 그도 아니면 섬을 위해 크게 기여한 어느 유지의 동상일까. 아니다. 놀랍게도 노동 열사 이용석의 동상이다.

더 놀라운 것은 동상을 세운 주체가 신안군수라는 사실이다. 2013년 6월 13일에 동상을 세운 신안군수 박우량. 이 시기는 이명박 정권에 이은 박근혜 정권 때다. 다들 정권의 눈치만 보고 납작 엎드려 있을 때 섬들로만 이루어진 작은 군의 군수가 대놓고 노동 열사의 동상을 세워주다니. 그 배짱이 놀랍고 그 헤아림이 고맙다. 인구 50명 남짓한 작은 섬에 표를 보고 세웠을 리가 만무하다. 뜻이 없이 어찌 세웠겠는가. 그러기엔 너무 부담이 크던 시절이 아닌가.

이용석 열사는 1972년 상태도에서 태어나 전남대 금속공학과를 졸업하고 근로복지공단에서 일했다. 근로복지공단 비정규직 노동조합 광주본부장으로 일하던 2003

이용석 열사의 흉상 비정규직 철폐를 외치며 분신한 열사의 흉상은 상태도 선착장을 지키고 있다.

년 10월 26일 전국 비정규직 노동자 대회에서 '비정규직 철폐'를 외치며 분신 후 37일 만에 숨을 거두었다. 그의 희생이 비정규직 철폐 운동의 분화구가 됐으나, 그의 어머니 또한 화병으로 몇 해 후 열사의 뒤를 따랐다. 섬의 슬픔은 끝이 없다.

바다에 의지해 살아가는 사람들

상태도 선창가에서 물질을 다녀온 물에꾼들이 뜯어온 다시마를 씻고 있다. 모두 아홉 분의 해녀들. 시원한 바닷물에 몸을 담그고 앉아 다시마 표면에 붙은 따개비를 씻어낸다. 상태도 주민들의 주소득원은 다시마나 미역 같은 해조류 채취다. 특히 미역은 가장 소중한 자원이다.

상중하태도 바다의 미역은 모두 자연산 돌미역이다. 돌미역은 양식에 비해 질겨서 잠깐 끓여서는 먹기가 어렵다. 하지만 오래 끓일수록 뽀얀 진국이 우러나 맛도 영양도 뛰어나다. 그래서 산모들에게 인기가 높다.

상태도에 어느새 또 밤이 찾아들고 민박집에서 쉬고 있던 야간 낚시꾼들이 채비를 갖추고 일어선다. 민박집 주인의 동생인 송철희 낚싯배 선장의 함께 가자는 제안에 선뜻

상태도 낚시 배 태도 바다에서 낚시를 즐기러 찾아오는 낚시꾼들은 밤낮 가리지 않고 낚시를 즐긴다.

따라 나선다. 밤샘 낚시를 할 낚시꾼들을 갯바위에 실어다 주고 오려는 것이다.

야간 전투를 나가는 전사들처럼 낚시꾼들은 중무장을 했다. 칠흑의 밤바다, 작은 바위섬에서의 낚시는 그야말로 목숨을 건 낚시다. 상태도 인근에는 크고 작은 암초들이 수도 없이 많다. 물고기도 집이 있어야 살 수 있다. 집이 되어주는 암초가 많으니 태도 바다에는 아직도 물고기가 많이 나는 것이다.

손친여, 중여, 방어여, 영광여, 시린여, 홍합여, 둠벙여,

돼지밑여, 검은여, 돈여, 그리고 슬픈여. 낚싯배가 슬픈여를 지난다. 흑산도와 홍도에도 슬픈여가 있더니 상태도 바다에도 있다. 세상은 온통 슬픔의 바다였구나!

비좁은 농토, 그 옛날 흉년이라도 들면 구휼도 쉽지 않은 이 먼 낙도의 섬사람들은 얼마나 극심한 굶주림에 시달렸을까. 그 고통의 흔적이 바위섬에 새겨져 있다. 손친여의 전설은 그때에 대한 기록이다.

옛날 흉년이 들어 굶주림에 지친 마을 여인이 섬의 신전인 당산으로 쌀을 훔치러 갔다. 그런데 여인은 제대로 훔쳐 먹어보지도 못하고 당산 신에게 들켜버렸다. 신의 노여움을 산 여인은 신의 저주를 받아 그대로 벼랑에서 떨어져 죽었다. 손친여는 그때 절벽에서 떨어져 바다에 빠진 여인이 허우적거리며 구원을 요청하는 모습이라 한다. 문자를 모르던 섬사람들이었지만 비통한 여인의 사연을 바위섬에 남겼다. 섬들의 지명 하나하나 섬의 역사가 아닌 것은 없다.

외딴 섬살이의 짙은 외로움

중태도는 상중하태도 세 섬의 가운데 있어서 얻은 이름이다. 면적 1.04km²로 세 섬 중 가장 작다. 상태도 낚싯배 주인 송철희 선장과 함께 그의 배로 건너왔다. 평지가 없어서 비탈진 언덕에 몇 채의 집들이 옹색하게 들어앉아 있지만 마을 안에 들어서니 섬은 더없이 편안하다.

주민들은 겨울이면 대부분 뭍의 자식들에게 가서 살다온다. 파도가 거세 바닷일도 할 수 없고 뱃길도 자주 끊기니 이때를 이용해 긴 나들이를 하는 것이다. 머나먼 낙도의 외로움을 그렇게라도 견뎌야 섬살이를 지속할 수 있는 것이다.

섬 주변은 파도를 막아줄 무인도나 만이 없는 데다 물살이 거세서 양식을 할 수도 없다. 주변 바다에서는 돌미역, 다시마, 톳, 전복, 소라, 문어 등이 많이 자란다. 봄에는 주로 갯바위에 붙은 돌김을 채취해 말려서 팔고, 여름이면 톳이나 미역, 우뭇가사리 등을 채취해 살아간다.

중태도 마을 산비탈, 집 앞 정자에서 점심 식사를 하고 있는 노부부를 만났다. 뽕나무 잎을 달인 물로 탄 냉커피를 내오시며 "고맙습니다. 고맙습니다." 연신 고맙다고 하신다. 대체 무엇이 고마우실까. 대접받는 사람이 고마울 따름인 것을. "초대를 해도 오시라 해도 안 오실 텐데 고맙습니다." 안주인이 거듭 머리를 조아린다.

아! 이렇게 황송할 데가 있을까. 나그네를 환대하는 그

따뜻한 마음이 느껴져 울컥한다. 외딴 섬, 섬살이의 짙은 고독이 느껴져서 또 한 번 울컥한다. 안주인은 그 귀한 돌김 한 톳을 선물로 주신다. 거듭 사양했지만 끝내 그 마음을 거절할 수 없어서 고맙게 받는다. 아, 섬의 마음은 도대체 그 끝 간 데가 없다.

"이 집이 젤 꼭대기여도 참 좋아요. 아침에 보면 동쪽에서 물 위로 해가 떠오른 걸 볼 수 있어요. 해가 바로 올라와요. 가만히 앉아 있어도." 매일 바다에서 해가 솟아오르는 것을 볼 수 있는 섬 집. 아, 그렇게 일출을 보면서 노부부는 섬살이의 고독을 견뎌오셨구나!

20 가거도
중국의 닭 우는 소리가 들리는 국경의 섬

가게산 무너져 평지나 되라
강물이나 몰라져서 육로나 되라

백년을 살자고 기약한 그 사람
금년도 못 살고 이별이 들었네

가거도라 앞강에 일중선이 뜨고
정든 님 술잔에 잔 버끔 떴네

오는 새 가는 새 들불 속에서 놀고
임재 없는 이내 몸은 어데로 갈지 모린다

—「가거도 산다이」에서

일생에 한 번은 가야 할 섬

오랜 항해 끝에 여객선은 가거도 대리마을로 입항한다. 가거도 입구는 마치 다른 세계로 들어가는 통로처럼 신비롭다. 수문장처럼 서 있는 작은 바위섬들, 큰 녹섬, 작은 녹섬, 연이어 늘어선 회룡산 기암괴석들. 섬살이가 신산해 유난히도 전승민요가 많은 섬. 머나먼 난바다에 홀로 우뚝 선 낙도다 보니 육지 한 번 나가기가 외국 가기만큼 어려웠다. 옛날에는 평생 섬을 떠나보지도 못하고 이승을 하직한 사람이 태반이었을 것이다.

한국의 최서남단이자 국경 끝자락에 있는 섬 가거도. 오죽 육지가 그리웠으면 가게산(독실산)이 무너져 바다를 메워 육지까지 길이 생기게 해달라고 노래했을까. 육지와 거리가 가까워졌다지만 쾌속의 여객선으로도 아직 4시간 반이나 걸리는 섬. 섬살이의 고달픔은 여전하지만 여행자들에게 가거도는 평생에 한 번은 꼭 가봐야 할 '인생 섬'이다.

가거도에서는 중국의 닭 우는 소리가 들린다는 농담 같은 이야기가 진담처럼 들린다. 중국과 국경을 맞대고 있는 섬답게 가거도항의 이정표도 국제적이다. 중국까지 390km, 필리핀까지 2,180km, 서울까지 420km이니 서울보다 오히려 중국이 가깝다. 과거에도 가거도는 중국 대륙과 한반도 사이를 비스듬히 건너는 항로에 위치해 외국 배들이 수시로 거쳐 가던 섬이었다.

중국 송나라 때 사신으로 고려를 방문한 서긍의 『선화봉사고려도경』에도 가거도에 대한 기록이 엿보인다. 서긍을 비롯한 사신단 200여 명은 8척의 선단과 함께 송나라 황제 휘종의 명을 받고 고려를 방문했다. 1123년 5월 28일 송나라 영파를 출발한 서긍은 6월 2일 협계산을 지났다. 서긍은 협계산을 중국과 고려의 경계로 기록하고 있는데 이 협계산이 바로 가거도다.

가거도는 일제에 의해 소흑산도라 이름 붙여졌다가 해방 이후에야 본이름을 되찾았다. 본래는 가거도가 아니라 우이도가 소흑산도였는데 일제가 편의상 가거도를 소흑산도로

가거도항의 이정표
420㎞ 떨어진 서울보다 중국이 더 가까운 국제적인 항구 가거도의 위치를 보여주는 이정표다.

불렀던 것이다.

가거도는 서남해의 어업 전진기지로 어부들에게는 친숙한 섬이지만 뭍의 관광객들이 몰리기 시작한 것은 그리 오래되지 않았다. 영화와 방송 등을 통해 소개된 뒤 방문객이 늘어났으나 워낙 뱃길이 험해 여전히 뭍에서 멀기만 하다. 가거도에는 대리, 항리, 대풍마을 등 세 개의 자연부락이 있는데 대부분의 주민들은 큰 마을인 대리에 모여 산다. 이 마을에 식당과 여관 등 편의시설과 행정기관까지 있어 마치 해상 도시를 방불케 한다.

한반도에서 가장 늦게 해가 지는 섬

가거도의 대표적인 트레일인 독실산 등산로는 대리마을 김부련 하늘길부터 시작된다. 김부련 열사는 가거도 출신으로 4·19혁명 때 서라벌 예고 재학 중 혁명에 참가했다가 경무대 앞에서 경찰의 총탄에 목숨을 잃었다. 가거도 출장소 앞에는 그를 기리는 비석이 세워져 있다. 뒷산 능선까지는 40분 정도 소요되는 오르막이다.

능선에 이르면 그다음부터는 내내 평탄하다. 두 시간 반이면 독실산에 도달할 수 있지만 길 끝에서 마주하는 독실산은 조금 실망스럽다. 군부대가 있어 자동차로도 정상 바로 아래까지 갈 수 있기 때문이다. 더구나 정상 역시 숲에 가로막혀 탁 트인 전망이 없다.

가거도 최고의 절경은 항리마을의 섬등반도다. 항리 초입 섬등반도가 내려다보이는 언덕에 서면 그 감동적인 풍경 앞에 넋을 잃을 정도다. 달력에 나올 법한 풍경이 두 눈으로 쏙 들어온다. 항리마을의 집들은 대부분 비탈에 위태롭게 붙어 있다. 섬등반도는 '극락도 살인사건'이란 영화와 '1박2일'이란 TV 프로그램으로 유명세를 탔는데 오르는 능선 길에 데크가 깔린 것이 조금 아쉬울 뿐 원형이 잘 보존되어 있다.

섬등반도는 한없이 바다를 향해 나아갈 것처럼 역동적이다. 그 끝을 따라가면 중국이다. 최서남단 섬인 가거도에서도 서쪽 끝인 섬등반도는 한국에서 가장 해가 늦게 지는 곳이기도 하다.

가거도 여행에서 또 하나 놓치면 안 되는 절경은 해상에 있다. 일정한 인원이 모이면 가거도를 한 바퀴 도는 유람선이 운항하는데 기암괴석의 절경은 영화 '아바타' 속 풍경처럼 신비롭다. 가거도 백년등대 또한 육로보다 해로를 따라가는 길이 더욱 아름답다.

항리마을 섬등반도 가거도 최고의 절경으로 꼽히는 곳으로 영화나 TV 프로그램의 배경
이 되기도 했다.

    용바위, 돛단바위, 달밭밑, 기둥바위, 신녀빠진여, 석순
이빠진데, 진무덕, 오구멍, 선주바위, 하늘개취, 낭여, 현철
이발밑, 목난개, 큰턱거리, 작은턱거리, 동굴여, 오동여, 망
부석, 큰굴앞, 집개바위, 납닥여, 방죽개, 큰깨밭밑, 작은
깨밭밑, 맨밑, 바둑방위, 볼락개, 가무락지, 칼바위, 누에머

리, 개린여, 젖개린여, 높담, 평상내리, 새새골, 진무덕, 초소밀, 서바여, 편한넙, 간대취, 빈지박, 하늘개, 오리똥싼데, 변주바위절벽, 산태무너진곳, 청석바위, 복여, 아홉골내미, 자갈밭, 솔통이, 장갓살, 망향바위, 해상터널, 동대문, 아랫물등개, 윗물등개, 고래물뿜는곳, 거북바위, 진둥개, 남문, 채석장, 큰납닥여, 장군바위, 똥개….

오리가 똥을 싼 곳도 지명이 되고, 고래가 물을 뿜었던 곳도 지명으로 남은 섬. 가거도는 우리 섬살이의 원형을 가장 잘 간직해온 보물 같은 섬이다.

우연히 들른 대리항 포장마차에서 요즘 보기 힘든 토종홍합을 만났다. 흔히 먹는 진주담치보다 크고 살이 두터우면서도 탱글탱글하고 쫄깃한 진짜 우리 홍합은 맛이 다디달다. 우리가 흔히 먹는 홍합은 토종이 아니라 외래종인 진주담치다. 본래 우리 바다에는 토종홍합들이 살았는데 외국을 왕래하는 화물선의 밸러스트(Ballast)에 진주담치의 유생이 섞여 들어오면서 이제는 전 연안을 진주담치가 장악해버렸다. 밸러스트란 배에 실은 화물의 양이 적어 균형을 유지하기 어려울 때 안전을 위해 배 바닥에 싣는 물이나 자갈 등의 중량물을 의미한다.

우리 바다에는 토종홍합과 진주담치 외에도 비단담치, 털담치 등 13종 내외의 홍합류가 서식 중인 것으로 알려져 있다. 홍합은 조갯살이 붉은 빛이라 홍합이란 이름을 얻었다고 전해지지만 실상 암수에 따라 살색이 다르다. 암홍합은 붉은색, 수홍합은 흰색을 띤다. 암홍합의 맛이 뛰어나다.

토종홍합은 지역마다 합자, 열합, 담채, 섭 등의 다양한 이름으로 불렸다. 옛날에는 홍합이 따뜻한 성질로 피부를 매끄럽고 윤기 있게 가꿔준다는 속설이 있어서 동해부인(東海夫人)이라고도 했다. 가거도에서는 토종홍합을 그냥 합이라 부른다. 귀한 토종홍합을 안주로 국경의 포장마차에서 술을 마신다. 먼바다 섬에 오니 누리는 호사다.

중국 해적들로 몸살을 앓는 섬

겨울철 북서풍이 불면 가거도 앞바다에는 시커먼 중국 어선들이 벌 떼처럼 몰려드는데 해경이 항만 안에는 못 들어오게 단속을 한다. 중국 어선들은 하나같이 검거나 회색 칠을 하고 있어서 "떼거리로 몰려들면 정말 무섭다"고 주민들은 두려움을 표한다. 폭풍주의보가 해제되고 바다가 잠잠해져도 중국 배들은 좀처럼 떠날 생각을 않는다. 이들을 해산시키기 위해 해경이 더러 물대포를 쏘기도 하지만 이 또한 무용하다. 버틸 수 있는 극한까지 버틴다. 중국 배들 간에 충돌이 있으면 우리 해경이 말려보지만 이 또한 무망하다.

대리마을에서 만난 어선의 선장은 가거도 근해 어장으로 중국 배가 몰려들기 시작한 것은 자신이 어릴 때인 근 4~50년 전부터라고 증언한다.

특별한 일이 발생하면 중국 어선들이 항 안으로 들어오기도 한다. 환자가 생기거나 선박에 사고가 났을 때는 치료를 해주고 수리를 해준 뒤 다시 내보낸다. 복어를 먹고 독에 중독된 환자가 특히 많다고 한다. 이들을 보건소에서 치료하고 돌려보낸다.

공해상에서 중국 배를 만나면 해적으로 돌변하기 일쑤라 위험하다. 어구나 식량 같은 것을 강탈해 가기도 한다. 예전에는 해경이 있어도 별 도움이 안 됐다. 해경의 배가 작아서 실질적인 대응을 할 수 없었기 때문이다. 이제는 해경 단속선도 규모가 커지고 수도 많아졌으며 주기적으로 단속에 나서서 중국 어선들의 해적질은 줄었다.

여수 통영, 삼천포 쪽으로 고대구리배(저인망 어선)들이 몰려와 치어까지 마구 잡아들여 어장에 물고기의 씨가 마른

적도 있었다. 고대구리조업이 금지되면서 조기어장이 형성되기 시작했고 지금은 가거도 인근 바다에서도 제법 많은 조기가 잡힌다.

연안의 섬들에서는 고대구리배가 사라진 뒤 바닷속을 긁어주지 않아 물고기가 안 잡힌다고 주장하는 어부들이 많았는데 여기서는 또 다른 진단을 한다. 면밀한 조사가 필요해 보인다.

힘의 논리가 지배하는 어업권 분쟁

요즘 가거도 어민들은 상심이 크다. 최근 가거도 주변 바다에 대한 어업권을 상실했기 때문이다. 오랫동안 가거도 주변 바다는 외지에서 온 수십, 수백 톤짜리 대형 근해어선들이 수산물을 싹쓸이해갔다. 대부분 몇 톤짜리 소형 어선들로 조업하는 가거도 어민들은 대형 외지 어선들의 싹쓸이 어업 때문에 많은 피해를 봤다.

그래서 가거도 어민들은 앞바다 어장권을 보호받기 위한 탄원을 해서 2010년 가거도 인근 해역 70.63km²를 수산자원관리수면으로 지정받았다. 관리수면에서는 허가받은 연안어선이나 잠수기어선 외에는 조업할 수 없다. 덕분에 가거도 어민들은 한동안 어업권을 보장받을 수 있었다. 하지만 2015년까지 잠깐 뿐이었다. 외지 대형 근해어선 선주들의 압력에 의해 관리수면 지정이 해제되고 말았다. 다시 가거도 주변 해역은 가거도 어선이 아니라 외지에서 온 대형 근해어선들의 주 무대가 되고 말았다.

이것은 비단 가거도만의 문제가 아니다. 어업면허는 어선의 크기에 따라 육지에서 가까운 바다에서만 조업이 가능한 연안어업, 먼바다에서만 가능한 근해어업, 원양에서만 가능한 원양어업으로 분류된다. 연안어업 면허를 만든 것은 영세한 어민들을 대형 선단으로부터 보호하기 위한 것이다. 그래서 1997년까지만 해도 바다에 연안과 근해의 구분이 선명히 그어져 있었다.

하지만 연안 어장까지 넘보는 탐욕스러운 대형 선단 선주들의 로비에 의해 점차 연근해가 통폐합되는 지경에 이르렀다. 이로 인해 연안 어장에서 어족 자원의 씨가 마르고 있다. 또 중형 쌍끌이 어선과 어구가 엉켜 연안 어선이 뒤집히는 등 크고 작은 사고가 잇따르고 있어 연안 어민들은 생명의 위협까지 받는 일도 적지 않다. 내륙이나 바다나 힘의 논리에 지배당하고 있으니 참으로 안타깝다.

선창가 경기의 흥망성쇠

2000년대 초반까지만 해도 가거도는 풍랑주의보가 내려 어선들이 피항을 오면 파시 때처럼 흥청거렸다. 한 번에 보통 100~150척의 어선이 들어왔고, 200~300명의 선원들이 대리항을 활보했다. 어선들은 풍랑을 피하거나 식자재 등을 조달하기 위해 가거도항에 입항했다.

당시 대리에는 약속, 오씽, 나도나, 이슬비 등 7곳의 색시집이 있었다. 한 집당 아가씨가 보통 4~5명씩 있었고 술도 따르고 2차까지 나갔다. 밥을 짓는 '화장'처럼 서열이 낮은 선원들은 배에서 내려보지도 못했고 색시 집은 선주, 선장 같은 사람들이나 갈 수 있었다. 갑판장, 기관장 급의 중간 간부들에게도 차례가 돌아오지 않았다. 술집, 식당, 여관, 노래방은 물론이고 구멍가게까지 큰돈을 벌었다. 선원들끼리 칼부림도 예사였다. 완전 무법천지였다.

이제 바람이 불어도 가거도는 한산하다. 더 이상 가거도에 외지 어선들이 피항을 오지 않기 때문이다. 호황을 누리던 가거도가 된서리를 맞은 것은 성매매 단속반이 뜨면서부터였다. 2000년대 초반 정부가 미아리 등 집창촌 성매매 단속을 강화하면서 그 여파가 가거도까지 밀려왔다. 단속반이

뜬다는 소식이 들리자 몇몇 업주들은 배에 아가씨들을 싣고 도망가다가 잡혀왔다. 그 후 가거도에서 아가씨 있는 술집은 완전히 사라졌다. 누군가 다시 데려다 놓으면 바로 신고가 들어갔다.

색시집이 사라지자 가거도로 들어오던 어선들도 썰물처럼 빠져나간 뒤 다시 돌아오지 않았다. 어선들은 풍랑을 피하러 온 것이 아니라 술과 여자를 찾아들었던 것이다. 대부분의 어선들은 유흥업소가 있는 내륙으로 가버렸다. 선창가 여관 주인은 여자가 있어야 배가 들어온다고 단언했다. "뱃사람들은 돈 생각 안 해요" 하며 웃는다.

덕분에 가거도 선창가 경기는 죽었지만 섬은 한결 평화로워졌다. 선원들끼리의 무서웠던 칼부림도 사라졌고 부부싸움도 줄었다. 가거도 남자들도 손님이 오면 손님 핑계로 색시집이나 노래방을 드나들었는데 이제는 그럴 일이 없으니 집안의 평화가 온 것이다. 사람살이의 본질은 대도시 한복판이나 낙도나 다를 게 하나도 없다.

21 선도

할머니가 만든 꽃섬과 수선화의 집

선도 주동마을 교회 앞에는 '수선화의 집'이란 비석이 서 있다. 집주인은 현복순 할머니. 할머니의 수선화 가꾸기 덕에 선도에서는 2019년 봄 첫 번째 수선화 축제가 열렸다. 들판 곳곳에는 마늘, 대파 등과 함께 수선화가 가득 심어져 있다.

수선화 재배는 그냥 꽃만 보고 며칠 관광객이나 끌어모으기 위한 것이 아니다. 이 또한 농사다. 수선화 구근은 번식이 아주 빠른 데다 농작물보다 비싼 값에 거래된다. 꽃도 보고 구근도 팔고 그야말로 일석이조다.

1년 내내 꽃이 피는 집
활짝 열린 수선화의 집 정원으로 들어서니 진한 꽃향기가 아찔하다. 정원에서는 새들 지저귀는 소리가 요란하다. 정원이 온통 수선화밭이다. 선도의 수선화는 4월 중순부터 만개한다. 노란 수선화는 2주 정도, 하얀 수선화는 수명이 더 길어 한 달이나 간다.

20년 동안 꽃일기를 써온 현복순 할머니는 꽃들의 개화 시기가 해마다 거의 정확하다고 말한다. 기온에 따라 앞뒤로 2~3일 정도 편차가 있을 뿐 그 이상 차이가 나는 것을 보지 못했다고 한다.

자세히 들여다보니 정원에는 수선화만 있는 것이 아니다. 토종동백, 애기동백, 매화나무가 드문드문 있다. 아직 보이지 않지만 꽃양귀비 구근도 땅속에서 싹을 틔우고 있다. 진한 꽃향기의 원천은 할머니 집 창문 앞에 심어진 세 그루 천리향이다. 향이 진짜 천리까지 날아가기야 하겠는가마는 사람이나 새의 깃털에 묻은 향은 천리도 갈 만큼 진하다. 그래서 천리향이라 했던 것일까.

할머니가 선도로 들어온 것은 30여 년 전이다. 2019년에 89세의 고령인데도 대부분의 기억이 뚜렷하다. 선도는 남편의 고향이었다. 아내의 고향은 목포. 남편은 12년 전 80세로 세상을 하직했다. 선도 최고 부잣집 아들이었던 남편은 고려대를 졸업했고 아내는 목포에서 여고(여중여고통합과정)를 졸업했다. 아내도 '큰 기와집'이라 불리던 목포의 부잣집 둘째 딸로 태어나 유복하게 자랐다. 하지만 남편의 삶은 순탄하지 않았다. 남편은 목포에서 교사를 했고 부산에서는 법원에 근무하기도 했지만 우여곡절 끝에 객지를 떠돌며 살았다. 마지막으로 서울에서 살 때 남편이 고향으로 돌아가고 싶다 했다. 아내는 썩 내키지 않았으나 자녀들을 출가까지 시켰으니 서울에 더 있을 이유도 없어 선도로 들어왔다.

현복순 할머니는 어린 시절부터 꽃을 좋아했다. 친정인 목포 큰 기와집은 정원이 넓었고 넝쿨장미, 천리향, 치자꽃들이 사철 번갈아 피고 졌다. 꽃 속에서 자랐으니 꽃에 물들지 않을 수 없었다.

서울의 아파트를 처분하고 선도에 돌아온 뒤 들판 한가운데 있는 700평의 땅에 덩그마니 작은 집 한 채를 지었다. 많은 땅이 남았다. 그때부터 할머니는 정원을 가꾸기 시작했다. 먼저 집 주위로 개나리를 심어서 울타리 삼았다. 군데군데 넝쿨장미를 심어 이 또한 울타리 삼았다. 초봄부터 개나리가 피었다 지면 5월부터는 장미가 만개했다. 그야말로 꽃담에 둘러싸인 집이다.

선도 수선화의 집(위)과 수선화 할머니(아래) 수선화 할머니는 해마다 더 심을 자리가 없을 정도로 꽃을 심었다. 30년 넘게 꽃만 가꾸었다. 할머니가 꽃을 심는 것은 스스로 좋아해서이기도 하지만 오가는 사람들 구경하라는 뜻도 있다.

그 후 육지에 나갈 일이 있을 때마다 할머니는 하나둘 꽃들을 사다 심고 가꾸었다. 할아버지는 피어난 꽃만 즐길 뿐 잡초 한 번 뽑아주지 않았다.

꽃양귀비와 백합도 사다 심었다. 수선화는 20여 년 전 진도의 어느 농장까지 찾아가 구근을 두 자루나 사다가 심었다. 할머니는 흰색을 좋아한다. 그래서 수선화 중에서도 유독 흰 수선화 꽃을 많이 심었다. "은은하고 고결한 향기가 좋아요."

해마다 수선화 구근을 옮겨 심다 보니 어느새 앞뜰, 뒤뜰 할 것 없이 집 주변을 온통 수선화가 둘러싸고 말았다. 사이사이 다른 꽃들도 심었더니 할머니의 집은 일 년 열두 달 꽃이 지지 않는 집이 되었다. 해가 지지 않는 제국처럼 꽃이 지지 않는 꽃의 제국.

장미와 개나리가 담장 밖을 물들일 때 담장 안에서도 꽃잔치가 벌어진다. 1~3월까지는 동백과 매화가 피고 지고, 4월에는 수선화가 만개하고, 5~6월이면 양귀꽃밭이 된다. 7월에는 백합이, 8월에는 분홍보라 상사화가, 9월에는 꽃무릇 상사화가 피어난다. 꽃이 지고 난 다음에야 잎이 자라나 평생 꽃과 잎이 서로를 보지 못해 그리움에 사무친다는 상사화 철이 지나면 10월부터 12월까지는 국화가 뒤따른다. 과연 일 년 열두 달 꽃피지 않는 때가 없다.

돈벌이가 되는 농사는 안 짓고 꽃만 가꾸니 지나가던 사람들은 쓸데없는 짓을 한다고 핀잔을 주기도 했다. 그래도 할머니는 내내 꽃밭의 풀만 맸다.

꽃 팔아서 단돈 1,000원도 벌어본 적 없다. 물론 서울 아파트를 처분했고 모아둔 재산도 조금 있어 농사를 짓지 않고 꽃만 가꿀 여유가 있었다. 그래도 꽃을 사랑하는 마음이 없었다면 가능한 꽃 살림이었겠는가?

할머니는 지금도 꽃을 보면 마음이 따뜻해진다. 생각할수록 꽃이 고맙고 또 고맙다. "꽃이 없었으면 세상이 얼마나 삭막했을까요?" 꽃을 가꾸면서도 늘 혼자 보기 아깝다고 중얼거리곤 했었다. 그런 소망이 이루어진 것일까. 할머니가 심은 수선화 구근 하나가 자라 선도의 온 들판으로 퍼져 나갔다. 4만여 평의 수선화 꽃밭, 선도는 이제 진짜 수선화 꽃섬이다. 수선화뿐이랴! 할머니의 집은 "일 년 열두 달 꽃이 지지 않는 집"이니 선도는 언제 가도 꽃섬이다. 꽃 하나 가꾸는 것만으로도 세상이 온통 환해질 수 있다는 깨달음을 주는 안겨주는 섬. 선도는 깨달음의 섬이기도 하다.

갯벌에 기대어 사는 사람들

뭍에서 불과 15분 거리의 뱃길이지만 선도를 아는 사람은 드물다. 하지만 선도 갯벌은 유네스코 생물권보전지역으로 지정돼 보호받고 있는 세계적 자연유산이다. 섬사람들은 이 갯벌에 기대어 살아간다.

선도는 한때 면사무소가 있을 정도로 융성했지만 이제는 퇴락한 섬이 됐다. 5.60km²의 땅에 159가구 272명이 살아간다. 신안군 지도읍에 속한 섬이지만 육로로는 무안이 더 가깝다.

섬에는 주동, 매계, 석산, 대촌, 북촌 등 5개 마을이 있다. 석산과 대촌은 붙어 있어서 하나의 마을로 치기도 한다. 섬은 대체로 평야와 낮은 언덕으로 이루어져 편안한 느낌이다. 갯벌을 간척해서 만든 논밭이 드넓다. 쌀농사가 돈이 되던 시절, 굳이 어업에 기대지 않더라도 섬은 곤궁하지 않았다. 외지의 어선들이 앞바다에 몰려와 낚지잡이를 할 때도 선도 사람들은 별 관심을 두지 않았다.

근래 들어 농사가 더 이상 돈이 되지 않자 선도 사람들은 비로소 어업으로 눈을 돌렸다. 외환위기 이후 육지 살던 출향인들이 낙향하면서 비로소 어촌계가 구성되고 마을 어업

면허도 확보해 본격적인 어로 활동이 시작됐다.

고향에 돌아간 사람들이 낙지잡이로 돈을 번다는 소문이 들리자 귀향민들이 하나둘 늘어나기 시작했다. 초기에는 외지로 나가 사는 청년들에게 고향으로 돌아와 낙지잡이를 함께하자고 독려하기도 했지만 이제는 2년 거주 후 일정액을 납부해야만 어촌계 가입 자격이 주어지고 낙지잡이를 할 수 있다. 어업의 주가가 올라간 것이다.

최근 3년 동안에만 20~50대의 비교적 젊은 사람들이 20여 명이나 귀향했다. 갯벌은 쇠락해가던 섬을 살리는 기폭제가 됐다.

갯벌은 마을의 공동 어장이 되었고 더 이상 외지인들이 낙지를 잡을 수 없다. 오랫동안 돌아보지도 않던 갯벌이 이제 선도 사람들의 생명줄이다. 섬에는 오랫동안 농경사회의 전통이 이어져 인심 또한 넉넉하다. 처음 이사 온 이웃에게 식량 하라고 쌀 몇 가마니를 그냥 나눠주는 일도 흔하다. 마을공동체가 사라진 시대, 드물게 공동체 정신이 살아 있는 섬이다.

그래도 섬의 인구 구성을 보면 여전히 노인들이 주류다. 경제력 있는 사람은 전체 가구의 절반도 되지 못한다. 163

가구 중 60여 가구만 실제 경제활동을 한다.

20여 가구가 양파농사를, 또 10여 가구가 벼농사를 짓는다. 선도 갯벌에는 감태도 많아 겨울 두 달 동안 감태만 채취해서 소득을 올리는 가구도 5~6가구나 된다. 그중 가장 많은 돈벌이는 30여 가구가 참여하는 낙지잡이다.

선도는 낙지섬이다. 선도 사람들은 맨손 낙지잡이도 하지만 대다수는 낚싯바늘을 연달아 매단 주낙(연승어업)으로 잡는다. 미끼는 주로 서렁게(칠게)를 쓰는데 예전에는 갯벌에서 직접 잡았지만 이제는 일손이 달려서 중국산을 쓴다. 낙지는 중국산이든 국산이든 가리지 않고 먹이를 노리다 걸려든다.

주낙 낙지잡이는 물살의 흐름이 거의 없는 조금 때가 적기다. 바람이 많이 불거나 물이 너무 탁하거나 바닥에 파래가 자라기 시작하면 낙지잡이가 어렵다. 낙지는 주로 밤에 전깃불을 밝히고 잡는데 가장 잘 잡히는 때는 달이 밝을 때다. 이때를 달사리라 부르고, 이때 잡힌 낙지를 달사리 낙지라 한다. 고요한 밤바다 달빛 아래에서 낙지를 잡는 풍경은 그야말로 꿈속인 듯 아련하다.

주민 절반이 박씨인 박씨 왕국

오랜 세월 많은 섬들이 집성촌을 이루고 살아왔다. 섬에 처음 들어온 조상을 입도조라 하는데 오지 중의 오지로 여겨지던 섬에 처음 들어온 사람들치고 사연 없는 이가 누가 있을까. 조선왕조의 공도정책으로 섬 거주가 금지되다 다시 풀린 것은 임진왜란 전후다. 선도에도 이 무렵부터 주민 거주가 시작됐다.

주동은 1588년에 순흥 안씨가, 대촌은 1591년에 김해 김씨가, 매계마을은 1638년에 밀양 박씨가 입도하면서 마을이 형성됐다. 그래서 마을은 대부분 한 조상의 후예들인 집성촌으로 역사를 이어왔다.

특히 선도는 밀양 박씨가 번성해서 한때 박씨도라 불렸을 정도다. 지금도 섬주민의 절반인 80가구가 밀양 박씨다. 그야말로 박씨 섬, 씨족 섬이라 할 만하다. 여기에 김씨도 30가구나 되니 선도는 그대로 씨족 국가다! 수많은 섬들에서 집성촌을 목격했지만 이처럼 단일 성씨가 아직도 다수를 이루며 살아가고 있는 경우는 극히 드물다.

선도의 박씨 씨족은 정변에 휘말려 섬살이를 시작했다. 밀양 박씨 숙민공의 후손인 박종학은 인조반정으로 멸문지

화를 당하자 처음 해남의 후산리로 도피해서 은신해 있다가 그마저 불안하자 선도로 숨어들어왔다. 매계리마을 회관 앞의 '박양환, 박계환 유지비'에 그 사연이 적혀 있다.

정치적 탄압을 피해 해남에 숨어 살던 박종학은 아들인 박양환과 박계환을 데리고 1799년에 선도로 입도해 집을 짓고 황무지를 개간해 농사를 지으면 살았다. 깊은 학식으로 후학을 양성해 박 처사라 불렸다.

이후 선도에는 박씨의 후손 수백 호가 살게 됐다. 박종학이 처음 터를 잡고 살았던 매계리는 여전히 박씨 왕국이다. 씨족 국가의 원형을 보고 싶거든 선도로 가라.

22 기점·소악도
열두 예배당과 순례자의 길

날마다 모세의 기적보다 더한 기적이 일어나는 섬. 신안의 섬 기점도와 소악도에서는 날마다 기적이 일어난다. 잠깐 물이 갈라지는 정도가 아니라 바다가 통째로 사라졌다 나타나길 반복하는 엄청난 기적이다. 밀물이면 바다가 되었다가 썰물이면 마른땅이 되는 갯벌. 이 부근에는 병풍도, 대기점도, 소기점도, 소악도, 진섬 등 다섯 개의 섬이 있고, 이 섬들 사이에는 걸어서 이동할 수 있는 노두길이 놓여 있다.

섬과 섬을 잇는 노두길
노두길은 이끼가 끼고 세찬 조류에 조금씩 움직이기도 하는 까닭에 해마다 한 번씩 모든 섬사람들이 나와서 돌을 뒤집고 이끼도 제거하여 재정비해야 했다. 그 노고가 말할 수 없이 컸다. 그래서 근래에는 노두길을 시멘트로 포장해서 수고로움도 줄이고 자동차도 오갈 수 있게 만들었다. 섬사람들은 이 새로운 길도 노두길이라 부른다.

병풍도와 대기점도 소악도 등의 섬들은 노두길로 연결되어 하나의 생활권을 이룬다. 하지만 노두도 온전한 길은 아니다. 바닷물이 많이 들어왔다 나가는 사리물때와 만조 시에는 길이 잠겨 걸을 수 없다. 그러다 잠깐 기다리면 다시

기점·소악도의 노두길 섬과 섬 사이를 걸어서 건널 수 있도록 갯벌에 넓적한 징검돌을 놓아 만든 길을 노두라 한다.

또 길이 드러난다.

사람이 만들었으되 길을 열고 닫는 열쇠를 지닌 수문장은 사람이 아니라 달이다. 달의 인력으로 바다가 되기도 하고 땅이 되기도 하는 갯벌의 삶.

섬사람들은 달이 이끄는 대로 수백 년 이 길을 오고갔다. 새로운 노두길이 생겼어도 이 섬들을 건너는 사람들은 갈수록 줄고 있다. 젊은 사람들은 뭍으로 떠나고 섬에는 노인들만 남은 까닭이다.

기적의 순례길이 불러온 기적

그런데 최근 이 노두길에 놀라운 일이 생기기 시작했다. 다시 노두길을 걷는 사람들이 늘어나기 시작한 것이다. 사람들은 오로지 노두길을 걷기 위해 머나먼 섬을 찾아온다. 노두길을 따라 걷는 '기적의 순례길'이 만들어졌기 때문이다. '기적의 순례길'은 '순례자의 길'로도 불린다.

무슨 새로운 길이 다시 깔린 것은 아니다. 노두길 중간중간 12개의 기도처가 새로 건축되고 이 길에 기적의 순례길이란 이름이 부여된 것이다. 순례자의 길은 대기점도, 소기점도, 소악도, 진섬을 잇는 12km 구간에 만들어졌다. 이들

4개의 섬을 한 묶음으로 기점·소악도라 부르기도 한다. 대기점도와 노두로 연결된 병풍도가 빠진 것은 기점·소악도가 전남도의 '가고 싶은 섬 가꾸기' 사업에 선정됐을 때 병풍도가 함께하지 않았던 까닭이다.

가고 싶은 섬 가꾸기 사업은 전남도가 노쇠해가는 섬에 생명력을 불어넣기 위해 만든 정책이다. 관광을 수단으로 하지만 최종 목적은 살고 싶은 섬 만들기다. 2019년 11월 23일에는 '기점·소악도 가고 싶은 섬 여는 날' 행사가 열렸다. 섬 역사상 그토록 많은 외지인들이 찾아온 것은 처음이었다. 이날 가고 싶은 섬 사업의 일환으로 만들어진 순례자의 길도 문을 열었다.

자유로운 순례자를 위한 열두 기도처

순례자의 길에 있는 열두 기도처의 이름은 예수의 열두 제자의 이름을 딴 것이지만, 특정 종교만을 위한 기도처는 아니다. 기도처는 예배당일 수도, 성당일 수도, 암자일 수도 있다. 그래서 기도처의 지붕에는 십자가 대신 고양이, 물고기, 새들이 올라앉아 있다. 열린 기도처의 상징이다. 그러므로 특정 종교의 길이라고 폄하거나 색안경을 끼고 볼 일은 아니다. 혹은 특정 종교가 독점하겠다고 나설 일도 아니다.

12개 기도처는 11명의 국내외 작가들의 작품이다. 한국 작가가 6명, 프랑스, 포르투갈, 스페인 등 외국 작가 5명이 각각 하나 또는 두 개의 기도처를 건축했다. 공동 작업에 참가한 작가도 있다. 대기점도 선착장에 있는 1번 기도처인 베드로의 집부터 일련번호가 매겨져 차례로 순례할 수 있도록 안내판이 설치되어 있다. 2번은 안드레아의 집, 3번은 야고보의 집, 4번은 요한의 집, 5번은 필립의 집, 6번은 바르톨로메오의 집, 7번은 토마스의 집, 8번은 마태오의 집, 9번은 작은 야고보의 집, 10번은 유다 타대오의 집, 11번은 시몬의 집, 12번은 가롯 유다의 집이다.

가롯 유다는 12사도지만 스승인 예수를 은전 서른 닢에 로마 병사에게 팔아넘겨 예수를 십자가에 못 박혀 죽게 만든 배신자다. 사탄의 사도로도 일컬어진다. 그런데 굳이 그의 이름을 딴 기도처를 만들었다는 것은 기독교 교회나 성당으로 한정해서 이 기도처를 만들지 않았기 때문인 듯하다.

절이나 모스크 양식의 기도처도 함께 세워졌다면 더욱 의미 있는 길이었을 텐데 그러지 않은 점은 아쉽다. 형식이 내용을 규정한다고도 하지만 자유로운 순례자의 마음까지 규정하기야 하겠는가. 그러니 다들 각자 신앙의 성소로 또 무신론자는 자기 성찰의 장소로 사용하면 충분하지 않겠는가.

기도처들은 대부분 두 평을 넘지 않는 작은 공간이다. 본디 기도라는 것이 함께 모여 있어도 혼자 드리는 의례가 아닌가. 공간이 클 필요가 없는 이유다. 대형 교회, 성당, 사찰 같은 팽창주의 건축물에 비해 이 작고 소박한 기도처들은 그 자체로 이미 신선한 감동이다. 역시 작은 것이 아름답다는 진리를 새삼 깨닫게 해준다.

기도하는데 공간이 무슨 상관이 있으랴. 어떤 신이 규정된 공간에서의 기도 소리만 경청할까. 전능한 신들인데 어느 장소, 어떤 목소리인들 듣지 못할 것인가? 그러므로 이 건축물의 외피를 입은 기도처 또한 하나의 기호나 상징일 뿐 기도를 가두는 괄호는 아니다.

각기 다른 개성이 있는 열두 기도처의 울림

1번 기도처는 김윤환 작가의 작품인데 압해도 송공항에서 출항한 여객선이 기항하는 대기점도 선착장 끝에 서 있다. 그리스 산토리니의 집들처럼 지붕은 푸른색, 벽채는 하얀색으로 만들었다. 언뜻 산토리니에 온 듯한 착각이 들 정도

순례자의 길 1번 기도처 원래 대합실이었던 건물이 산토리니 건물을 닮은 기도처로 변신하였다. 순례자는 기도처의 작은 종을 치면서 순례를 시작한다.

로 이국적이다.

이 건물이 들어서기 전에는 작은 대합실 건물이 있었다. 그때도 참 울림이 있었는데 이렇게 새롭게 변모해 대기점도의 관문이 됐다. 이 기도처 옆에는 작은 종이 있다. 순례자는 이 종을 치면서 순례를 시작한다. 마지막 12번 기도처인 가롯 유다의 집에도 종이 있다. 그 종을 치면 순례가 끝난다.

대기점도 북촌마을에서 병풍도로 건너가는 노두길 입구. 2번 기도처인 안드레아의 집 앞을 지키고 선 것은 고양이 조각상이다. 지붕에도 바다를 바라보고 있는 고양이 두 마리가 조각되어 있다. 대기점도에 유난히도 고양이가 많은 데서 착안했다. 이 섬에만 100여 마리쯤 된다. 그 고양이들이 기도처를 통해 섬의 수호천사로 거듭난 것이다.

대기점도 남촌마을의 4번 기도처 요한의 집은 박영균 작가의 작품이다. 기도처 창틈으로 뒤편 밭 가운데 있는 무덤 하나가 보인다. 기도처의 땅을 기증한 할아버지는 최근에 아내와 사별했다. 아내는 2년 동안이나 꼼짝을 못하고 병상에 누워 있다 떠났다. 할아버지는 대소변을 받아내며 지극정성으로 병 수발을 들었다. 아내의 무덤 옆에 할아버지의 무덤 자리도 예정되어 있다. 이제 이 기도처에 드는 모든 기도객은 내내 창틈으로 땅을 기증한 부부의 무덤을 바라보며 고마움을 표하게 될 것이다.

요한의 집 앞에 있는 조형물의 내력도 재밌다. 언뜻 봐서는 대체 어떤 동물을 표현한 것인지 알기가 쉽지 않다. 처음에는 고양이를 만들고 있었는데 지나가던 동네 할머니가 "그것 개 아니여?" 하셨다. 그래서 개로 바꾸기로 하고 작업 중인데 지나가시던 다른 할머니가 또 "그거 염소 아녀?" 하셨다. 그래서 염소로 바꾸어 만들었다. 그래서일까 조각에서는 개도 보이고 고양이도 보이고 염소도 보인다. 작가 혼자의 작품이 아니라 동네 할머니들과 함께 만든 작품인 셈이다.

대기점도에서 소기점도로 건너가는 노두길 초입에 있는 5번 필립의 집은 프랑스 남부의 전형적인 교회 양식으로 지은 건물이다. 지붕의 십자가를 대신한 물고기 조각은 이 섬이 어부들의 땅이라는 것을 상징한다.

필립의 집은 프랑스에서 온 장 미셸 후비오(Jean Michel Rubio)의 작품이다. 붉은 벽돌과 작은 돌을 차곡차곡 쌓아서 지은 건물인데 작은 돌들은 작가가 해변에서 하나하나 주워서 일일이 씻은 것들이다. 벽돌이나 돌이 아니라 작가의 정성스런 기도로 쌓아올려진 건축물이다. 경건한 느낌이 드는 것은 비단 외관 때문만이 아닌 것이다. 누구보다 간절한 작가의 기도가 발현된 때문이리라.

예술가로 사는 일은 어느 나라를 막론하고 돈이 안 된다. 그래서 장 미셸 후비오도 직업이 따로 있다. 스스로 자동차 딜러라고 소개한다. 프랑스에 살면서 아버지의 고향인 독일에서 고급 스포츠카를 사서 몰고 스페인의 바르셀로나로 이동해 판매한다. 2대 정도 팔면 2년 동안 떠돌며 살 수 있는 수익이 생긴다고 한다. 어디든 자유에는 비용이 든다. 세상에 거저 주어지는 자유란 없다.

순례자의 길 끝자락. 놀라운 기적을 체험한다. 출입문도 없이 무한히 열린 기도처가 있다. 이곳 바다와 섬의 풍경을 차단하지 않고 고스란히 받아들일 수 있도록 출입문을 달지 않았다.

이 기도처에 이르러 순례자는 비로소 섬의 자연과 일체가 된 자신을 발견한다. 밀실의 기도처가 아닌 열린 기도처.

순례자의 길 11번 기도처 바다와 하늘을 향해 열려 있는 11번 기도처에서 순례자는 자연과의 일체감을 느낄 수 있다.

열어야 할 문이 없으니 누구에게나 열려 있고 닫아야 할 문이 없으니 어떤 종교로도 제한되지 않는 성소. 팝아트 작가 강영민이 만든 순례자의 길 11번 기도처다.

11번 기도처는 순례자의 길에 기도처를 만든 정신을 가장 명징하게 구현해낸 작품이다. 나는 기도보다 '저 의자에 앉아 하염없이 바다를 바라보며 술 한잔하면 술이 참 달겠다'는 생각이 먼저 든다. 이곳은 이런 불경한 생각도 다 받아주는 열린 성소다. 이런 작품을 만들어준 작가가 고맙다.

불편을 기꺼이 감수하는 마음

순례자의 길 개통과 함께 언론과 방송의 관심이 커지고 찾아오는 이들도 많아지고 있다. 하지만 섬에는 편의시설이 거의 없다. 주민 협동조합에서 운영하는 게스트하우스와 식당이 문을 열었지만 찾아가는 길도, 섬에서 지내는 것도 많이 불편할 것이다. 언론 보도를 보고 찾아왔다가 불편을 토로하는 이들이 생겨나고 있다. 애초부터 편하라고 만든 길이 아니다. 그래서 잠깐의 불편을 기꺼이 감수할 사람들에게만 추천하고 싶은 길이다. 불편을 못 참는 이들은 입도조차 하지 않는 것이 좋다. 여행자들이 많아지면 노인들만 사

는 노쇠한 섬에 활력이 생길 것이다. 하지만 그것이 바로 주
민들의 소득 향상으로 이어지거나 청년 인구 증가로 이어지
기는 쉽지 않을 터다. 작은 이익 때문에 대립과 반목도 생기
고 공동체에 균열도 생길 것이다. 그래도 소멸해가는 섬이
다시 일어설 수 있는 작은 계기라도 된다면 참으로 고마운
길이 아니겠는가.

우리는 그저 여행자로 잠깐 다녀가는 것뿐이지만 주민들
은 온갖 불편을 감내하며 섬에서 평생을 살아간다. 그러니
삶의 터전을 기꺼이 내준 섬주민들에게 무조건 감사해야 하
리라. 길에서는 최대한 예의를 지켜야 하리라. 그렇지 않다
면 순례자의 길을 걷거나 열심히 기도하는 것이 무슨 의미
가 있으랴.

순례자의 길을 기획하고 추진한 이는 신안군의 가고 싶
은 섬 TF 팀장인 윤미숙 씨다. 그는 통영 동피랑 벽화마을
을 기획해 삶의 터전에서 쫓겨날 뻔했던 주민들을 살려냈
고 전라남도 '가고 싶은 섬' 전문위원으로 여러 해 동안 섬
가꾸기에 헌신해온 마을 전문가다. 그의 노고가 아주 컸다.
그리고 무엇보다 기도처를 지으라고 자신의 땅을 선뜻 내주
신 주민들의 이야기에 가슴이 뭉클하다. 열두 기도처 중 여

섯 곳이 주민들이 기부한 땅에 지어진 것이다. 이 또한 놀라운 기적이 아닌가. 순례자의 길의 가장 큰 기여자는 사실 이 분들이다.

황금 어장과 갯벌의 부활을 꿈꾸며

기점·소악도 일대 갯벌은 습지보호구역이자 람사르습지이고, 유네스코 생물권보전지역이면서 갯벌도립공원이기도 한 최고의 갯벌이다. 갯벌이 좋으니 예전에는 이 바다가 황금 어장이었다. 조기, 부세, 준치, 병어 등을 잡아 가마니로 져 날랐을 정도였다. 주민들은 생선을 절인 뒤 말려서 육지로 팔아 소득을 올렸었다.

황금 어장은 다 지나간 옛일이 됐다. 어군탐지기로 쫓아다니며 어족의 씨를 말린 인간의 탐욕이 자초한 일이다. 더 이상 잡는 어업이 소득이 되지 않으니 주민들 일부는 김양식과 새우양식 등 기르는 어업으로 살아간다. 하지만 양식업은 노동력과 자본이 받쳐줘야 가능한 일이다. 그래서 노인들이 대다수인 섬 주민 대부분은 바다보다는 농사에 의지해 살아간다. 이 또한 나이 많은 노인들에게는 쉽지 않은 노동이다.

물고기뿐만 아니라 갯벌에서 나는 조개류나 해조류의 수확도 예전만 못하다. 굴, 감태, 농게 등이 소량 생산될 뿐이다. 갯벌의 수확이 적어진 것은 펄 작업이 힘들어진 탓도 크다. 옛날에는 "갯벌의 펄 등에서 공을 차고 놀 정도로 펄이 단단했었다"고 한다. 그런데 노두를 시멘트 도로로 바꾸면서 갈수록 펄이 물러져 이제는 많은 갯벌이 진창이 되고 말았다. 노두 때문에 조류가 약해진 것이 갯벌을 진창으로 만든 원인이다. 그래서 갯벌에 나가 작업하기가 너무 힘들다고 주민들은 하소연이다. 감태나 맛조개도 많지만 펄 작업이 어려워 채취를 포기한다.

섬의 활력을 되찾기 위해서 관광객을 불러오는 것도 좋지만 문제는 근본적인 해결책이다. 섬 주민들의 터전인 갯벌을 되살리는 일에 더 많은 투자를 해야 하지 않을까 싶다. 갯벌을 되살리기 위해 노두길 사이에 해수 통로를 몇 군데 만들기도 했지만 역부족이다. 더 많은 해수 통로를 만들어야 한다. 그래야 갯벌이 되살아날 것이다.

그나마 갯벌에서 꾸준히 나는 것은 낙지와 숭어 정도다. 예전부터 낙지가 워낙 많았다. 낙지를 잡아 '이깝(미끼)'으로 팔 정도였다. 민어잡이에도 낙지 미끼가 최고였다. 지금도

기점·소악도에서는 낙지잡이를 나가면 하루 수십 마리씩은 잡는다. 예전에는 100마리는 기본이었다. 올해 구순의 낙지잡이 어르신은 "낙지는 보신에 최고여. 힘 일어나는 데 최고지. 기진맥진해 있다가도 낙지 삶아 먹고 낙지 뜯어 먹으면 바로 일어나 부러"라고 하시며 낙지 예찬을 멈추지 않으신다. 올해 팔순의 어르신 한 분도 여전히 낙지잡이를 잘하신다. 날마다 잡아서 드시는 낙지 덕인지 잔병치레도 없이 건강하기만 하다. "낙지가 백병통치약이야." 어제도 갯벌에 나가 18마리를 잡았다. "기점도 오면 낙지를 먹고 가야 잊어버리고 가제. 못 먹으면 뒤돌아보고 가요. 낙지는 탕탕 조사서 밥에 비벼 먹거나 쌩놈으로 먹어야 좋아." 대기점도 남촌마을 낙지 박사 오재종 어르신은 이 섬의 낙지 사학자다. 20년 동안 낙지잡이를 빠짐없이 일기로 기록했는데 그 일기장들이 수북하다. 일기장은 박물관에 전시될 만한 보물이다.

23 증도

보물선과 태평염전을 품은 슬로시티

갯벌은 영혼을 빨아들이는 어떤 마력 같은 힘이 있다. 백
사장이 떨림이라면 갯벌은 끌림이다. 증도는 갯벌 섬이다.
2007년 12월, 아시아 최초의 '슬로시티'로 지정된 섬이기도
하다. 슬로시티운동은 고유의 전통과 자연생태를 보전하면
서 인류의 지속적인 발전과 진화를 추구한다.

증도는 2010년 3월 연륙교로 내륙과 연결되면서 섬의 시
대에서 육지의 시대로 편입했다. 하지만 증도는 여전히 갯
벌 섬이다. 증도에는 펄갯벌과 모래갯벌, 혼합갯벌 등 다양
한 종류의 갯벌들이 원형대로 잘 보존되어 있다.

람사르습지를 품고 있는 시루섬

증도 갯벌은 갯벌도립공원인 동시에 유네스코 생물권보전지역이고 람사르습지다. 이처럼 갯벌의 보존 가치를 세계적으로 인정받고 있는 아주 특별한 섬이 증도다.

증도해변에는 퉁퉁마디, 순비기나무 등 다양한 염생식물이 자라고 있으며 갯벌은 갯지렁이, 짱뚱어, 풀게, 농게 백합 등 100여 종 이상의 생물들이 서식하는 생태계의 보고다. 증동리 솔무등 공원 앞에서 장고리 사이 갯벌에 놓인 470m 길이의 짱뚱어다리에서는 다양한 갯벌 생물들을 관찰할 수 있다.

면적 27.69km², 해안선은 46.5km인 증도에서 16개 마을 1,500여 명의 주민들이 살아간다. 증도면에만 증도 본섬을 비롯한 8개의 유인도와 93개의 무인도 있다. 증도는 높은 산이 없고 대체로 나지막한 구릉과 평지로 이루어져 있다. 최고점이 200m, 그밖에는 100m 내외의 구릉지다.

증도의 옛 이름은 시루섬인데 원래는 하나의 섬이 아니었다. 앞시루섬, 뒷시루섬, 우전도 등 3개의 서로 다른 섬이 있는데 섬들은 간척으로 하나가 됐다. 앞시루섬과 우전도가 먼저 간척으로 이어진 뒤 다시 간척으로 뒷시루섬과 합해지

증도 갯벌 잘 보존된 증도 갯벌은 그 가치가 인정돼 갯벌도립공원, 유네스코 생물권보전 지역, 람사르습지로 지정되었다.

면서 현재의 모습이 됐다. 갈라져 있던 시루가 하나로 합해 서 온전한 시루가 됐으니 증도는 이제 맛난 떡을 쪄내 풍족 하게 먹을 일만 남았다.

오횡묵은 조선시대 말, 신안군의 전신이었던 지도군의 초대 군수였다. 오횡묵의 정무일기인 『지도군 총쇄록』에는 증도 우전리 해변에 핀 해당화 이야기가 등장한다.

이리저리 둘러보아도 아득하게 끝없이 넓게 펼쳐져 있는 데 이때 실바람이 불어와 향기가 코끝에 풍겨왔다. 벽지 바닷가 섬에 있어 널리 드러나지 못한 것이 한스럽다.

증도에서 가장 아름다운 백사장인 우전해수욕장. 4km나
되는 우전리해변을 해당화가 뒤덮고 있었다니 상상만으로
도 그 황홀한 풍경이 그려진다.

보물섬으로 이름을 떨친 섬

슬로시티로 지정되기 이전, 증도는 보물섬으로 먼저 이름을
떨친 바 있다. 1975~6년 증도 검생이마을(검산마을) 어부의
그물에 중국의 청자들이 올라오면서 증도 앞바다에 침몰해
있던 '보물선'이 발견됐다.

보물선은 방축리 검생이마을 서북방향으로 2.7km 지점
의 도덕도 앞바다 해저에 있었다. 보물선은 도자기 운반선
이었는데 1323년 여름에 침몰했을 것으로 추정됐다. 난파된
보물선은 신안선으로 명명되었고 보물들은 국립중앙박물관
과 목포에 있는 국립해양유물전시관에 보관, 전시되고 있다.

1979년 10월 문화재관리국의 신안해저발굴조사단에 의
해 발굴된 뒤 1984년 9월까지 11차례에 걸친 인양 결과 도
자기류 2만 661점, 금속제품 729점, 석제품 43점, 동전 28

신안 보물선 발굴 작업 증도에서 발굴된 보물선은 현재 목포 국립해양유물전시관에 있다. 720여 편으로 쪼개진 선체를 원형대로 복원하여 전시 중이다.

톤 등 엄청난 보물들이 발굴됐다.

　도자기 중 청자가 9,600여 점이었는데 대부분 원나라 제품이었고 일부는 송나라 것도 있었다. 고려청자도 3점이 발견됐다. 출토된 유물은 당시의 해상 운송 규모가 얼마나 컸는지 보여주며, 중국, 고려, 일본 등 3국 간의 교류가 활발했음을 증명해준다.

　침몰된 선체는 720여 편으로 쪼개져 있었는데 인양된 후 원형이 복원됐다. 이 선체가 국립해양유물전시관에 전시되어 있는데 직접 보면 그 규모가 압도적이다. 1981년 6월 16

일 보물선이 발굴된 검생이 앞바다 반경 2km 지역이 국가 사적 274호로 지정되었다.

전국 최대 규모의 태평염전

증도에는 한국 최대 규모의 염전이 있다. 바로 태평염전이다. 태평염전 외에도 증도에는 광암염전, 효막동염전, 곡도염전, 돌마지염전, 덕정염전, 장고염전 등 염전이 많았다. 지금은 광암염전과 태평염전에서만 소금이 생산되고 있다. 태평염전의 규모는 여의도의 두 배인 462만m²나 된다.

태평염전은 본래 한국전쟁 후인 1953년 피난민들을 정착시키고 소금 생산을 늘리기 위하여 조성한 염전이었다. 태평염전은 증도와 그 옆 섬 대초도 사이의 갯벌을 막아 형성한 간척지에 들어서 있다.

1953년 정부에서 민간업자인 척방산업에 영업권을 넘겨주었고, 1963년부터는 대평염업이 운영하다가 문을 닫았다. 1985년 태평염업사가 인수한 뒤 상호를 변경해 태평염전이 됐다. 태평염전은 소금 창고를 기준으로 직사각형의 바둑판처럼 나누어져 있다.

태평염전에서는 매년 1만 5,000톤의 천일염이 생산되는

하늘에서 내려다본 태평염전 태평염전은 여의도 2배 크기의 거대 염전으로 한 해 소금 생산량만 1만 5,000톤 규모다.

데 국내 총 생산량의 5%나 된다. 염전은 67개로 나뉘어져 있고 이에 딸린 67동의 소금 창고가 3km에 걸쳐 늘어서 있다. 염부들의 사택, 목욕탕, 관리사무실 등도 남아 있다.

중국산 소금이 들어와 가격이 폭락하기 전까지 염전은 '백금밭'이라 불렸다. 하얀 금덩어리들, 염전은 그만큼 큰돈이 되는 일이었던 것이다. 하지만 지금은 더 이상 소금이 큰 돈이 되지 않아 폐염전들이 많다. 소금은 '비온 뒤 소금'을 최고로 친다. 염도가 높지 않은 깨끗한 소금이기 때문이다. 그래서 비온 뒤 소금은 '약소금'이라 부른다.

등록문화재 361호로 지정된 태평염전 소금 창고는 1953 년 척방산업이 소금 창고로 이용하기 위해 건립했다. 당시 염전에 상주하던 인구가 400여 명이나 됐는데 창고도 이들 염부들이 건설했다. 소금 창고는 소금 결정지에서 생산된 소금이 출고되기 전까지 보관하던 창고다.

목재 소금 창고가 생기면서 자재 창고와 소금 가공 공 장 등으로 사용됐다. 이곳은 남한 유일의 석조 소금 창고로 2006년 3월 22일 증도 태평소금전시장으로 꾸며졌다. 2007 년부터는 소금박물관으로 바뀌어 지금에 이르고 있다. 소금 창고 뒤 소금밭전망대에 오르면 드넓게 펼쳐진 태평염전과 태평염생식물원 풍경이 장관이다. 저물녘의 낙조 또한 장 엄하다.

생명 유지를 위해 꼭 필요한 소금

소금은 천일염과 정제염으로 구분된다. 천일염은 바닷물을 염전으로 끌어와 바람과 햇빛으로 수분과 유해 성분을 증발시켜서 만든 소금이다. 정제염은 바닷물을 전기분해하여 이온 수지막으로 불순물과 중금속 등을 제거하고 얻어낸 염화나트륨 결정체다.

천일염은 수심이 깊지 않고 조수간만 차가 큰 서해안이나 남해안에서 많이 생산된다. 인도양, 지중해 연안, 미국, 오스트레일리아 등지에서도 천일염이 생산된다. 한국 염전 전체 면적의 절반 이상이 있는 신안군은 국내 천일염 생산량의 70%를 생산하는 최대의 천일염 산지다.

천일염은 7~8월에 생산된 소금을 최고로 친다. 전 세계 바다의 평균 염분 농도는 35‰(퍼밀)이다. 1‰은 바닷물 1,000g 속에 1g의 염분이 들어 있다는 뜻이다. 염분 농도 27~8‰ 정도가 될 때 소금은 최적의 짠맛이 난다. 7~8월 소금의 품질이 좋은 것은 장마철이라 비가 자주 와서 염분 농도가 높지 않기 때문이다.

소금은 여러 질병의 원인으로 지목되기도 하지만 세포의 기능에 필수적인 요소다. 소금과 물이 부족하면 세포는 영양실조와 탈수로 죽게 된다. 소금은 위액인 '위염산'의 원료다. 소금이 없으면 위액을 만들 수 없어 소화 기능도 마비된다. 양들이 기를 쓰고 흙을 파먹어가며 소금을 섭취하려 드는 것도 그 때문이다.

혈액 속 적혈구는 영양분과 산소를 세포로 운반하고 노폐물을 몸 밖으로 내보내는 일을 한다. 적혈구의 활동력이 약해지거나 수가 줄면 세포들에게 영양분과 산소를 공급하지 못하게 된다. 노폐물도 배출되지 못하고 쌓이게 된다. 적혈구의 주성분은 철분인데 철분을 소화시킬 수 있는 것은 소금으로 만드는 위염산이 있기 때문이다.

소금 부족은 질병과 죽음의 원인이 된다. 소금은 결코 적이 아닌 것이다. 소금은 양이온과 음이온의 결합으로 생겨난다. 바닷물 속의 양이온인 나트륨이나 칼슘, 칼륨 등은 땅으로부터 흘러들어온 것이고 염소나 황산 같은 음이온들은 바다에서 솟아난 화산 연기에서 비롯된 것이다.

동서양을 막론하고 고대부터 소금은 우리 삶에 없어서는 안 될 가장 고귀한 보물 중 하나였다. 그래서 소금에 대한 일방적인 편견은 바로잡아야 마땅하다.

24 임자도

툴립 축제가 열리는 한국 속 네덜란드

한국에서 가장 긴 해수욕장은 어디일까? 해운대, 경포대? 정답은 임자도 대광해수욕장이다. 명성 드높은 강릉 경포해수욕장이 6km, 부산 해운대해수욕장은 고작 1.5km인데 대광해수욕장은 무려 12km다. 대광리에서 전장포까지 이어지는 백사장이 물경 명사 삼십 리. 썰물이면 드러나는 백사장의 폭도 400m나 된다.

이 대광해변은 봄이면 꽃밭이 된다. 대광해변 툴립공원 일대에서 툴립 축제가 열리기 때문이다. 해변을 수놓는 수백만 송이 툴립의 대향연. 형형색색 피어오른 툴립은 겨우내 춥고 어두웠던 섬을 밝히는 따뜻한 등불이 된다.

튤립과 풍차의 섬

섬, 해변, 튤립이라는 이국적 정서와 풍경은 관광객들을 유혹하기에 부족함이 없다. 그래서 사람들은 벌, 나비보다도 더 열정적으로 꽃들의 구애에 응답한다.

임자도 튤립 축제는 해마다 4월 중순부터 하순까지 열리는데 꽃을 보겠다는 일념으로 전국 각지에서 머나먼 남도의 섬까지 몰려드는 사람이 보름 남짓 동안 평균 5만여 명이나 된다. 인구 3,204명에 불과한 작은 섬은 축제 때면 그야말로 인산인해를 이룬다.

대광해변 튤립공원 한가운데 세워진 풍차의 모습은 흡사 튤립과 풍차의 나라 네덜란드 어느 지방처럼 이국적이다. 실제로 임자도는 네덜란드와 유사한 지형적 특성을 가지고 있다. 예전에는 임자도 땅의 절반 남짓이 해수면 아래에 있었다. 네덜란드처럼 임자도 역시 간척으로 육지가 된 곳이 많다. 정서적으로도 풍경으로도 네덜란드와 비슷한 정취를 풍기는 것은 그 때문이 아닐는지.

튤립 축제는 2008년부터 시작됐는데 새로운 농업 소득 작물을 찾다가 임자도의 토질이 튤립을 키우기에 적합하다는 사실을 발견하고 시작된 것이다. 한국에서는 해마다

임자도 대광해변과 튤립공원 흡사 네덜란드의 풍경인 듯 느껴지는 임자도 4월 풍경이다. 해마다 평균 5만 명이 이 풍경을 즐기기 위해 임자도를 방문한다.

1,000만 구 이상의 튤립 구근을 수입해 심고 있다. 2007년에는 신안군에서 목포대에 연구를 의뢰해 국내 최초로 튤립 구근 재배에 성공했다. 구근을 수입하지 않아도 되는 길을 개척한 것이다.

신안군은 2008년부터 임자도 농민들의 튤립재배단지를 활용해 축제를 열기 시작했다. 축제를 위해 재배된 튤립 구근은 판매를 통해 주민들 소득에 기여한다. 그야말로 임도 보고 뽕도 따는 격이다.

여섯 개의 섬이 하나로

임자도는 신안군 최북단 섬이다. 면적 40.87km², 해안선 길이 60km, 여의도의 13배가 넘는 큰 섬이다. 서해의 많은 섬들, 강화의 석모도, 신안 암태도 등이 그랬듯이 임자도 역시 원래는 하나의 섬이 아니었다. 200여 년 동안의 간척으로 6개의 섬들이 하나가 되었다. 그래서 임자도는 본디 6개의 섬이었다 해서 육섬이란 이름으로도 불렸다. 지금 임자도의 대둔산, 삼학산, 불갑산, 조무산, 괘길도 등이 각기 다른 하나의 섬이었던 것이다.

임자도는 섬 전체가 모래언덕으로 이루어져 있는 사막

지형이다. 겉은 산과 논밭이지만 땅속을 파보면 다 모래땅이란 이야기다. 그래서 지질학자들은 임자도가 중동에서나 볼 수 있는 사막 지형이라고 평가한다.

모래땅이다 보니 섬 곳곳에는 오아시스 같은 물웅덩이가 많다. 이를 물치 또는 모래치라 부른다. 이는 모래가 머금고 있던 물을 뱉어내면서 생긴 웅덩이들이다. 인근의 증도나 보령의 삽시도같이 모래땅으로 이루어진 섬에는 유독 이런 물치들이 많다. 사막은 그냥 사막이 아니라 오아시스가 있어서 사막인 것이다. 사막에도 생명이 살 수 있는 것은 그 때문이다.

아직은 신안 지도읍 점암선착장에서 20분 거리의 임자도를 오가는 여객선이 운행 중이지만 머잖아 임자도 또한 섬의 시대가 끝날 예정이다. 2013년 10월 착공한 연륙교 공사가 2020년 10월 완공 예정이다. 4.99km의 다리로 섬은 육지와 하나가 될 것이다. 연륙교는 양날의 칼이다. 교통 불편 해소가 득이라면 섬의 정체성이 사라진다는 것은 실이다.

민어파시와 새우잡이로 북적이던 섬

튤립 축제 이전에도 대광리 해변 일대가 인산인해를 이루던 시절이 또 있었다. 바로 민어파시가 열리던 때다. 일제강점기부터 해방 직후까지 해마다 여름철이면 대광해변 건너 태이도에는 민어파시가 섰다.

일본인들은 태이도를 타리섬이라 불렀는데 그래서 파시도 타리파시였다. 파시 때면 민어를 잡기 위해 전국 각지는 물론 일본 규슈지방에서까지 몰려든 수천 척의 어선과 상선들로 북새통을 이루었고, 태이도와 대광리 해변에는 가건물 수백 채가 들어서며 시장이 형성됐다. 다음은 동아일보의 임봉순 기자가 파시 현장을 취재하고 쓴 기사의 일부다.

"타리어장이 개시된 지 300년이 넘었다. 민어어장으로는 타리어장이 가장 크고 다음은 굴업어장. 농가 한 채뿐이던 섬 타리에 파시가 서면 가건물이 수백 개 생기고 어부만 수천 명, 놀러오는 사람들만 매일 50~60여 명 왕래. 가건물 160호 중 병원 1곳, 음식점 90호, 요리점 15호, 잡화상 6곳, 이발관 3곳 등. 요리점에는 일본 조선 합해서 130여 명의 창기가 있다."[3]

---

3 임봉순, 「도서순례 하의도방면(6)」, 〈동아일보〉, 1928. 8. 18.

일본인 학자가 타리파시 현장을 탐방하고 기술한 『조선 다도해 여행 각서』(1939년)에도 타리파시의 현장 모습이 생생하게 묘사되어 있다.

"파시는 선술집, 여관(遊女屋), 요릿집, 잡화가게, 이발소, 선구점, 소금가게, 목욕탕 등으로 이루어져 있으며, 모두 타지 어부들을 상대로 장사하고 있는 것 같다. 이 이동부락은 영광군 우도(위도)를 근거지로 하고 있다. 우도 근해에서는 4월부터 5월 하순에 걸쳐 조기가 잡힌다. 파시 때에 이곳에서 장사하던 사람 중의 한 패는 어장을 쫓아서 6월에 연평도로 간다. 나머지 장사꾼들은 우도 뒤쪽에서 7월 내내 머문다. 이 기간 동안 우도 뒤쪽에서 갈치와 삼치가 잡힌다.

우도 뒤쪽에 머물던 사람들은 이 생선들을 가지고 타리섬으로 이동한다. 연평도에 갔던 패 중에서도 어획기를 끝내면 곧바로 타리섬으로 오는 사람도 있다. 또 천년동이라는 곳에서 잠시 돈벌이를 하고 나서 타리섬으로 합류하는 사람도 있다.

타리섬에는 7~8월 내내 체류하며, 다시 이곳에 모였던 사람들은 나뉘어서 한 패는 종자도로, 다른 패는 어란진으로 간다. 그리고 군산, 목포, 우도 뒤쪽 등 근거지로 철수하는 사람도 있다. 겨울에는 흑산도에서 고래잡이를 하기 위하여 그쪽으로 가는 사람도 있다.

파시를 따라 이동하는 사람은 집을 접어서 배에 싣고 간다. 가재도구는 물론 집도 접어서 가져가기 때문에 운임을 받고 실어 보내는 사람도 있고, 배를 특별히 마련하여 가족 모두와 함께 이동하는 사람도 있다. 파시로 생계를 유지하는 사람들의 출생지는 일정하지 않다. 목포 부근 출신, 영광군 출신, 그중에는 내지인(일본인)도 이 무리에 참여했다.[4]

지금도 임자도는 여름 보양식의 으뜸으로 꼽히는 민어어장이다. 옛날에는 서해 곳곳에서 민어가 났지만 지금은 여름철 임자도 해역에서만 민어가 난다. 그만큼 귀물이 됐으니 가격도 만만치 않다.

백성의 물고기라 하지만 민어는 옛날에도 가난한 사람들은 쉽게 접하기 어려운 귀한 물고기였다. 그래서 "복달임에 민어탕이 일품, 도미찜은 이품, 보신탕은 하품"이라 했

---

4 에틱 박물관, 『일본 민속학자가 본 1930년대 서해도서 민속』(최길성 역), 민속원, 2004.

다양한 민어 요리 민어회(왼쪽 위), 민어탕(오른쪽), 민어전(왼쪽 아래). 예전에는 서해 곳곳에서 잡혔기에 가난한 사람들을 위한 생선이라 하여 민어라 불렀지만 지금은 임자도 해역에서만 나는 귀한 생선이다.

다. 임자도 해역에 민어어장이 생긴 것은 새우 때문이다. 민어가 가장 좋아하는 먹이가 새우인데 임자도 앞바다는 새우어장이기도 하다.

임자도는 최고의 새우젓 산지다. 특히 임자도의 전장포항은 새우젓의 메카다. 전장포마을 솔개산 기슭에는 토굴 4개가 있는데 하나는 전시관이고 3개의 토굴에서는 새우젓이 숙성된다. 조선시대에도 임자도 토굴 새우젓이 한양의 마포나루까지 올라갔다 한다. 오랜 세월 임자도는 새우젓의 고향이었던 것이다. 전장포항은 오뉴월, 가장 값비싼 오젓 육젓이 나올 때면 넘치는 인파로 북새통이다.

80년대까지만 해도 전장포 사람들은 이웃 섬 낙월도와 함께 멍텅구리배를 이용해 새우를 잡았다. 동력이 없어서 스스로는 움직이지 못하는 무동력선이라 멍텅구리배라 했는데 높은 데서 보면 그물을 달기 위해 양 날개를 펼친 모습이 영락없는 수상비행기 같다.

멍텅구리배는 돈을 많이 벌어들이는 어선이라 해서 돈배라고도 불렀다. 낙월도 앞바다에서 태풍 때 뒤집혀 많은 사상자가 난 뒤부터 멍텅구리배의 사용이 금지됐고 지금은 국립해양유물전시관 앞에 한 척이 전시되어 있을 뿐이다.

멍텅구리배로 새우를 잡던 시절 전장포 한 마을 인구가 2,000여 명이었는데 지금은 200여 명이 살아간다. 남획과 해양오염 등으로 새우잡이가 예전만 같지 못한 까닭이다.

이상향이자 반역향인 섬

동서양을 막론하고 옛날 많은 섬들은 이상향인 동시에 불평등한 세상을 뒤엎을 반역을 꿈꾸던 자들이 숨어 살던 반역향이기도 했다. 『홍길동전』의 이상국가 율도국이 그렇고 군산 선유도에 전해지는 범씨 왕국과 관련된 설화가 그렇다. 조선시대 유행했던 예언서 『정감록』은 이씨조선이 멸망한 뒤 정도령이 계룡산에 도읍하여 몇백 년을 다스리고 그 후 조씨의 가야산 도읍 몇백 년이 계속된 뒤 범씨의 완산 도읍이 시작된다고 예언한다.

선유도 망주봉은 범씨 완산 도읍 천년왕국의 주인이 나타나길 기다리는 봉우리다. 보길도, 개도, 수우도 등에는 세상을 구하려 태어났다가 비극적으로 생을 끝낸 장수들의 이야기가 전해지는데 임자도에도 아기장수설화가 있다. 불평등과 수탈 속에 고통받던 백성들을 구원해줄 구세주인 아기장수의 임자도 설화는 박 장군 전설이다.

400년 전 이흑암리 은동에 사는 성양 박씨 박민호 집안에 아들이 태어났다. 아이는 태어난 지 3일 만에 말을 하기 시작했다. 갓난아이가 말을 하니 박씨 문중에서는 이를 불길한 징조로 여겨 아이를 돌에 매달아 바다에 빠뜨려 죽이고 말았다. 아이를 세상을 뒤엎을 아기장수로 여긴 것이었다. 당시는 아기장수가 태어나면 삼족을 멸한다는 흉흉한 소문이 돌던 때였다.

아기가 숨을 거두자 갑자기 천지가 진동하는 천둥소리가 울리고 은동마을 뒤 대둔산에서 용마가 나타나 비통하게 울다가 말봉산으로 사라져버렸다. 당시 마을 사람들은 아이가 살아서 성장하였더라면 대장이 될 인물이었다며 비통해 했다고 한다.

임자도 이흑암리마을에는 조선 후기 화가 우봉 조희룡의 유배지 터도 남아 있다. 우봉은 추사 김정희와 함께 조선 후기 화단의 중심 인물이었다. 시, 서, 화에 능해 묵장의 영수로 추앙받았다. 우봉은 예송논쟁에 휘말려 1851년 임자도로 유배된 뒤 3년을 살았다. 우봉은 그의 거처에 만구음관이란 편액을 달고 살았다. 만 마리 갈매기가 우짖는 집이란 뜻이다. 우봉은 이곳에서 당호가 있는 그의 그림 19점 중 8점을 그렸다고 전한다.

난파선이 전해준 수천 권의 불경

출가한 학승들이 강원이나 승가대학에 입학해 맨 처음 접하는 교과서가 『치문』이다. 백암 성총 스님이 처음 『치문』을 입수한 곳이 임자도였다. 영광 불갑사에 머물고 있던 백암 스님은 1681년 6월 5일 임자도에 표류한 중국 표류선에서 『치문』 외에도 『화엄경 소초』, 『금강경 간정기』, 『기신론 필삭기』 등 190여 권이나 되는 불교 경전을 수습해 순천 낙안의 징광사에서 간행해 보급했다고 전해진다.

당시 표류선에는 1,000여 권의 불서가 실려 있었다고 숙종실록에 기록돼 있다. 실제로는 그보다 더 많은 7,000여 권의 불서가 실려 있었다고도 전해진다.

이때 수습된 불서들은 조선 후기 불교 중흥의 밑거름이 됐다. 증도 보물선 발견에서 보듯 옛날 신안 앞바다는 세곡선의 무덤이라 불릴 정도로 난파가 잦았다. 암초가 많았던 탓이다. 난파선 때문에 입는 섬 주민들의 피해도 컸다. 난파선이 발견되면 관리들은 물품 목록을 보고해야 하고 책의 경우 모든 내용을 필사해서 보고해야 했으니 그 수고로움이 컸다. 어떤 관리들은 책을 모래 속에다 파묻기도 했다.

이때 장사치들이 책을 파내다 판매했다. 성총스님도 그런 경로로 불경들을 입수하지 않았을까 싶다. 난파선 조사를 위해 파견된 조사관들을 문정관이라 했는데 이들을 먹이고 입히고 재우는 책임을 모두 섬사람들이 져야 했다.

그래서 주민들은 이런 고역을 피하기 위해 난파선을 불태워버리기도 하고 난파선이나 표류선에 탄 사람들이 섬에 입도하지 못하게 쫓아버리기도 했다. 섬사람들을 야박하다 탓할 수 없는 것은 관리들의 수탈이 생존을 위협할 만큼 극심했기 때문이다. 섬사람들도 난파선 생존자들도 다들 시대의 희생양이었다.

임자도는 한국전쟁의 피해가 극심했던 지역 중 하나이기
도 하다. 1950년 7월부터 9월까지 3개월 동안 좌우익의 극
한 대립 속에 임자도 주민 1만여 명 중 2,000~3,000명이
서로 죽이고 죽는 지옥도가 연출됐다. 민족의 비극이 섬이
라고 비껴가지 않았던 것이다. 삶은 유한한데 삶의 고통은
끝이 없다.

25 압해도

세계 최강 몽골군을 이긴 섬사람들

고려시대 세계 최강 몽골군과 싸워 이긴 섬 압해도. 지금은 소읍에 불과하지만 그 옛날 압해도는 '바다를 제압한 섬'이란 이름에 걸맞는 역사를 간직한 섬이다.

작은 섬이지만 압해도는 백제 때 아차산현이, 통일신라시대에는 아차산군(압해군)이, 고려와 조선시대에는 압해현이 있었을 정도로 세력이 강성했던 섬이다. 신라시대 아차산군은 지금의 영광지역인 안파현, 갈도현, 염해현까지 거느렸을 정도로 세력이 컸다.

몽골군의 침입을 막아낸 압해도 해전

고려 정부가 강화로 옮겨가자 내륙을 장악한 몽골은 바닷길을 통해 강화도로 들어가는 남부지방의 조운선과 무역선의 길목을 차단한 뒤 고려를 항복시킬 계획을 세웠다. 몽골군은 압해도를 통해 서남해안의 해상권을 장악하고, 나아가 호남의 곡창지대에서 강화도 정부로 올라가는 세곡을 차단시킬 수 있다고 보고 압해도를 점령하려 했다.

1243년 몽골은 전함 70여 척을 동원해 압해도를 공격했다. 하지만 몽골군은 섬에 발도 들여놓지 못했다. 압해도 주민들이 전함과 대포 등을 동원해 강하게 항전했기 때문이다. 압해도 사람들은 몽골 전함 70여 척의 공격을 물리치고 섬을 지켜낸 것이다.

『고려사절요』 제17권에는 다음과 같이 기록되어 있다.

낭장 윤춘이 몽골군으로부터 돌아왔다. 윤춘이 몽골에 들어간 지가 몇 해가 되었는데 이때 도망하여 와서 말하기를 "차라대가 일찍이 수군 70척을 거느려 깃발을 늘어세우고 압해를 치는데 저와 한 관인을 시켜 배를 타고 싸움을 독려하였습니다. 압해 사람들이 대포 2개를 큰 배에 장치하고 기다리니 양편 군사가 서로 버티고 싸우지 않았습니다. 차라대가 언덕에 임하여 바라보고 저를 불러 말하기를, '우리 배가 대포를 맞으면 반드시 가루가 될 것이니 당할 수 없다.' 하고 다시 배를 옮겨 치게 하였으나 압해인들이 곳곳에 대포를 배치하였기 때문에 몽골인들이 드디어 수의 장비를 파하였습니다."

압해도에는 그토록 장대한 역사가 있다. 『고려사절요』의 기록은 압해도가 강력한 해상 세력의 근거지였다는 사실을 알려준다. 고려사의 기록 외에도 압해도가 해상 세력의 근거지였던 사실은 압해도 송공산성과 인근 섬 고이도의 왕산성 유물의 출토로도 증명됐다. 송공산성은 삼한시대 이전에 축조한 산성인데 초기 백제의 주요 거점이었던 풍납토성에 견줄 만한 규모다.

왕건에 맞선 능창 장군

압해도 해전 이전에도 압해도를 상징하는 해상 세력의 존재를 알려주는 이야기가 전해진다. 신라시대 말 동아시아의 해상왕 장보고가 문성왕이 보낸 자객 염장에게 암살당한 뒤 청해진(완도)에 살던 주민들은 모두 섬에서 쫓겨나 벽골군(김제)으로 강제 이주를 당했다.

그렇게 서남해의 해상 세력은 한동안 역사에서 자취를 감추는 듯했다. 하지만 50여 년 뒤 후삼국시대 말, 장보고를 이은 해상 세력이 정체를 드러냈다. 수달이란 별칭으로도 불렸던 능창 장군이다.

능창은 왕건의 둘째 부인 장화왕후의 아버지이자 나주 호족인 다련군 오씨 등 서남해 해상 세력들 대부분이 왕건에게 투항할 때 마지막까지 저항했던 해상 세력의 핵심 인물이었다. 『고려사』에는 왕건이 능창과의 정면 대결을 두려워하는 장면이 나온다.

압해현의 능창이 도망친 자들을 불러 모으고 인근 세력들과 결탁을 시도하고 있었다. 압해현 도적의 우두머리 능창은 섬 출신으로 수전에 능하여 수달이라고 불렸다. 태조는 "능창이 이미 내가 올 것을 알고서 반드시 도적과 함께 변란을 꾀할 것이니 비록 소수라고 하더라도 만약에 힘을 아우르고 세력을 합하여 앞을 막고 뒤를 끊으면 승부를 알 수 없는 노릇이니 헤엄을 잘 치는 자 십여 인으로 하여금 갑옷을 입고 창을 가지고 작은 배로 밤중에 나룻가에 나아가 왕래하며 일을 꾸미는 자를 사로잡아서 그 꾀하는 일을 막아야 될 것이다"라고 지시했다.

장수들은 왕건의 명령을 따랐다. 밤중에 섬 사이를 지나는 조그마한 배가 있어 이를 잡아보니 그 안에 바로 능창이 있었다. 결국 왕건도 정면 승부를 피하고 간계를 써서 능창을 포로로 잡았던 것이다.

당시 태봉국 궁예의 수하였던 수군 장군 왕건은 사로잡은 능창을 궁예에게 보냈다. 궁예는 "해적들은 모두가 너를 추대하여 괴수라고 하였으나 이제 포로가 되었으니 어찌 나의 신묘한 계책이 아니겠느냐"며 큰소리쳤다. 능창은 결국 죽임을 당하고 말았다.

그런데 어째서 왕건은 능창을 직접 처형하지 않고 굳이 궁예에게 보냈을까. 서남해의 섬들뿐만 아니라 후백제 지역 주민들에게 그만큼 능창의 영향력이 컸다는 반증이 아닐까. 굳이 신망받는 능창을 제 손으로 죽여서 원망을 들을 필요는 없었을 것이다. 그래서 공은 자신이 세우고 피는 궁예가 묻히게 했던 것이다.

압해도는 장보고를 이은 서남해 해상 세력의 수령 능창 장군이 근거지로 삼았던 섬이다. 지금은 목포와 다리로 연결된 인구 6,000여 명의 작은 섬이지만 한때는 왕건과 궁예, 몽골군과 대적할 정도로 강력한 해상 세력의 근거지였던 것이다.

송 장수의 장군바위

도창마을에서 조천마을로 넘어가는 길목의 동서리마을 밭
가운데에는 거대한 선돌이 있는데 이 선돌 또한 압해도 해
상 세력의 존재를 알려주는 표석이다. 압해도 사람들은 이
선돌을 '장수지팡이'나 '장군바위' 등으로 부르고 있다. 선돌
은 높이 4.8m, 둘레 1m, 두께 0.5m다.

힘센 장수들이 지팡이로 썼다는 이야기도 있고 송 장수
가 전투 중에 죽은 자신의 부하를 매장한 뒤 그 위치를 표시
하기 위해 입석을 세웠다는 설화도 전한다. 송 장수는 압해
도 송공리에서 전해지는 설화 속의 인물이다.

1,500여 년 전 중국에서 송씨 성을 가진 장수가 배를 타
고 가다 난파를 당해 압해도 송공리에 들어와 굴에서 살았
다. 송 장수가 살았던 굴은 송씨굴 혹은 솔구지라 부른다.
송 장수는 송공리 앞에 있는 역도란 섬에서 말을 길렀다고
하는데 그 최후는 어이없다. 압해도 송공산과 매화도 산 위
를 말을 타고 날아다니다가 칡넝쿨에 걸려 넘어져 죽었다는
것이다. 아마도 뜻을 펼쳐보지 못하고 허망하게 죽었던 것

이 그런 설화로 남은 것이 아닐까 싶다. 선돌은 선사시대 사람들이 고인돌과 함께 묘지 표시석으로 세웠을 것으로도 추정되고 있다.

당나라 대승상의 가문, 압해 정씨

압해도 가룡리에 위치한 정승동 또한 압해도의 위세를 상징할 만한 공간이다. 정승동은 압해 정씨 도선산(시조묘) 일대를 말하는데 유두산 끝자락에 위치하고 있다. 이는 당나라 때 대승상을 지낸 압해 정씨 시조 정덕성과 그의 자손들의 묘역이다.

정승동이란 가문에서 정승들이 많이 나왔다 해서 붙여진 별칭이다. 정승동의 주인은 정승 출신의 압해 정씨 시조 정덕성과 그의 자손들이다. 시조묘로 올라가는 길목에는 기념식수한 나무들이 호위병처럼 도열해 있고 그 앞에는 후손들의 관직 명패가 줄줄이 서 있다. 정세균 국회의장을 비롯해, 정일권 전 국무총리, 정래혁 전 국회의장, 정세현 전 통일부 장관 등이 정덕성의 후손들이다.

압해 정씨의 시조 정덕성은 당나라 대승상 출신이다. 정덕성은 원래 중국 당나라 사람인데 당 문종 때 대승상을 지내고 무종 때 대양군에 봉해졌다. 853년(신라 문성왕 15년) 군국사로 직간하다가 압해도에 유배됐다. 그때 장남 정연도, 차남 정웅도 역시 압해도에 입도했다. 이후 장남은 영광 정씨파로, 차남은 나주 정씨파로 분파되었다.

과거에는 중국에서 우리 섬으로 유배되는 일이 드물지 않았다. 원나라 마지막 황제였던 순제도 태자 시절 대청도로 유배됐다는 『택리지』의 기록도 있다.

한국의 정씨는 나주, 창원, 영광, 의성의 4본이 있으나 모두 도시조인 정덕성의 후손들이다. '정씨대동종안보'에는 모든 정씨를 압해 정씨로 통일하고 있다.

압해 정씨 도선산이 있는 가룡리는 정덕성이 입도해 처

정덕성의 무덤 압해 정씨의 시조인 정덕성은 당나라 대승상이었다가 유배되어 압해도로 오게 되었다.

음으로 정착하며 생긴 마을이다. 가룡리에서도 정덕성이 처음 살았던 마을은 원가룡이라 부른다. 마을의 역사가 1,200년이니 작지만 참으로 대단한 마을이다.

2008년에 신안군 압해도와 목포가 압해대교로 연결됐고 2013년에는 김대중대교로 압해도와 무안군 운남면이 연결됐다. 2019년에는 압해도와 암태도가 새천년대교로 연결됐다. 신안군청이 있는 압해도는 다시 내륙과 섬들을 이어주는 신안군의 중핵 같은 섬이 됐다. 다시 도래한 섬들의 시대, 압해도는 바다를 제압하던 그 시절의 영광을 재현할 수 있을까.

신안군

1 암태도 : 집주인 부부의 얼굴이 그려진 동백 파마머리 벽화를 보고, 일제에 저항한 평범한 농민들의 숨결도 느낄 수 있다.

2 자은도 : 9개의 모래 해변과 비극적인 전설의 소나무를 품은 섬

3 안좌도 : 한국 현대미술의 거장 김환기의 생가와 마을 곳곳에 남은 선사시대 유적을 만날 수 있는 섬

4 박지·반월도 : 애틋한 사랑 이야기가 깃든 두 섬의 호젓한 둘레길을 걸어볼 수 있다.

5 장산도 : 101그루의 노거수림과 들노래 전수관이 있는 평화로운 섬

6 하의도 : 땅을 찾기 위해 333년 동안 항거한 농민들의 정신과 김대중 대통령의 생가가 남아 있는 섬

7 신도 : 훼손되지 않은 아름다운 은빛 모래 해변을 품은 섬

8 옥도 : 부드러운 식감을 자랑하는 신안 최고의 낙지가 잡히는 섬

9 도초도 : 여의도 면적의 3배가 넘는 드넓은 평야를 품은 섬

10 비금도 : 하트 모양의 하누넘해변과 명사십리로 유명한 원평해변 등 10개가 넘는 아름다운 모래 해변의 추억을 만들 수 있는 섬

11 수치도 : 원조 섬초의 맛을 볼 수 있는 작고 평평한 섬

12 우이도 : 야생의 아름다움이 남아 있는 띠밭너머해변과 1745년에 축조된 모습 그대로의 우이선창을 거닐 수 있는 섬

21 선도 : 현복순 할머니가 직접 가꾼 수선화 정원의 향기를 느낄 수 있다.

22 기점·소악도 : 잔잔한 파도 소리를 들으며 걷는 순례자의 길과 열두 기도처가 있는 섬

23 증도 : 신안 보물선이 발견된 섬. 그러나 섬의 진짜 보물은 잘 보존된 갯벌이다.

24 임자도 : 우리나라에서 가장 긴 해수욕장을 품은 섬. 4월이면 이국적인 풍경의 튤립 축제가 열린다.

25 압해도 : 몽골군과 싸운 섬사람들과 왕건도 떨게 만든 능창 장군의 기운이 서린 서남해 해상 세력의 근거지

무안군

24 임자도

23 증도   21 선도

기점·소악도 22

2 자은도

25 압해도

1 암태도

신안군청 ■

11 수치도

목포시

10 비금도

3 안좌도

4 박지·반월도

9 도초도   8 옥도

해남군

5 장산도

12 우이도

6 하의도

7 신도

진도군

대한민국 도슨트 •신안 인문 지도
신안군 – 흑산면

⓭ 흑산도 : 유배 중 『자산어보』를 쓴 정약전과 우리 바다를 활보하던 고래의 흔적이 남아 있는 섬

⓮ 장도 : 변해버린 람사르습지를 보며 습지 보존의 의미와 방법에 대해 다시 생각해볼 수 있다.

⓯ 홍도 : 이야기꽃이 피어난 수많은 기암괴석이 기다리는 섬. 동백꽃이 필 무렵에는 더욱 아름답다.

⓰ 영산도 : 훼손되지 않은 푸른 바다의 고요한 정취를 만끽할 수 있는 섬. 입도객 제한이 있으므로 반드시 예약을 하고 출발해야 한다.

⓱ 다물도 : 해상유람선을 타면 숨겨진 바다의 비경을 감상할 수 있다.

⓲ 대둔도 : 역사 속에 묻힌 창대, 김이수, 박동지의 흔적이 남겨진 섬

⓳ 태도군도 : 바다와 더불어 살아가는 스물두 명의 해녀가 있는 상중하태도 세 개의 섬

⓴ 가거도 : 4시간 넘는 뱃길을 달려 도착하는 한국 최서남단의 섬. 서울보다 중국과 더 가깝다.

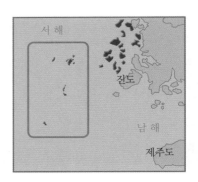

다물도 **17**

18
대둔도

15 홍도

장도 **14**

13 흑산도

영산도 **16**

19 태도군도

20 가거도

대한민국 도슨트 · 신안 연표

상고시대	1243	1745	1791	1801
마한에 속함	몽골군과의 항전에서 압해도 주민 승리	**3월** 우이선창 완공	김이수의 격쟁	정약전 우이도에 유배

1953	1956	1969	1975	1979
증도에 태평염전 조성	조선 정부가 수탈했던 하의3도의 땅 반환	**1월 1일** 무안군에서 분리되며 '신안'이라는 명칭 사용 시작	증도 앞바다에서 신안 보물선의 도자기 발견	증도 앞바다의 신안 보물선 발굴 작업 개시

2003	2005	2007	2008	2009
10월 26일 전국 비정규직 노동자 대회에서 이용석 열사 분신	장도 습지 람사르습지로 인증	**7월** 태평염전 소금창고를 개조한 소금박물관 개관 홍도 당집과 죽항제당 복원 **12월** 아시아 최초로 증도가 슬로시티로 지정	**4월** 제1회 임자도 튤립 축제 개최	**4월 24일** 하의3도 농민운동기념관 개관 **5월 26일** 증도읍 등 4개 읍면 유네스코 생물권보전지역 지정

1814	1847	1904	1923	1946
정약전과 창대의 『자산어보』 완성	홍도 당숲 죽항제당 건립	**3월 25일** 옥도에 일본의 기상관측소 설치	**8월** 암태도 소작쟁의	박삼만이 비금도에 호남 지역 최초의 천일염전 조성

1981	1988	1996	1999	2001
12월 23일 홍도, 비금도 일대가 다도해 해상국립공원으로 지정	**12월** 장산도 들노래 전라남도 무형문화재 지정	**3월** 비금도 '섬초' 상표 등록 도초도와 비금도를 잇는 서남문대교 개통	**9월** 하의도에 김대중 대통령 생가 복원	**1월 15일** 장산도 들노래 전수관 개관

2010	2013	2015	2016	2019
가거도 인근 해역이 수산자원 관리수면으로 지정	**5월 26일** 신안군 완전버스공영제 실시 **6월 13일** 상태도에 이용석 열사 동상 건립	가거도 인근 해역의 수산자원 관리수면 지정 해제	**3월 19일** 신안군 전체 유네스코 생물권보전지역 지정	**3월 29일** 제1회 선도 수선화 축제 개최 **4월 4일** 압해도와 암태도를 잇는 천사대교 개통 **11월 23일** 기점·소악도 '순례자의 길' 개장

참고 자료

강제윤, 『바다의 황금시대, 파시』, 한겨레출판, 2012.

국립해양문화재연구소, 『고선박 복원 보고서 1 - 신안선』, 2004.

국립해양문화재연구소, 『해양문화유산조사 보고서 5 - 우이도』, 2009.

국립해양문화재연구소, 『해양문화유산조사 보고서 7 - 수치도, 사치도』, 2011.

국립해양문화재연구소, 『해양문화유산조사 보고서 8 - 옥도』, 2012.

국립해양문화재연구소, 『해양문화유산조사 보고서 12 - 다물도』, 2015.

국립해양문화재연구소, 『해양문화유산조사 보고서 14 - 반월도, 박지도』, 2017.

국립해양문화재연구소, 『해양문화유산조사 보고서 15 - 가거도』, 2018.

국사편찬위원회, 고려사, (db.history.go.kr)

국사편찬위원회, 조선왕조실록. (sillok.history.go.kr)

김종윤·서긍, 『선화봉사 고려도경』, 움직이는책, 1998.

목포대 도서문화연구소, 『신안군 유배인 및 유배문화 연구용역 최종보고서』,
   2016.

목포대 도서문화연구소, 『자랑스런 신안인 선양 및 신안 이미지 제고 방안 연구』,
   2003.

목포대 도서문화연구소, 『흑산도 유배문화공원 조성 학술조사 보고』, 2003.

민족문화추진회, 『고려사절요』, 1966.

서미경, 『홍어장수 문순득, 조선을 깨우다』, 북스토리, 2010.

신안군, 『신안군지』, 2017.

신안문화원, 『내 안에 살아 숨 쉬는 장산』, 2008.

신안문화원, 『두류단실기』, 2011.

신안문화원, 『신안군지명지』, 2002.

신안문화원, 『신안수산지』, 2004.

신안문화원, 『운곡잡저』, 2004.

신안문화원, 『유암총서』, 2005.

신안문화원, 『자산록』, 2016.

신안문화원, 『전통지식의 화수분 섬의 생애사』, 2018.

신안문화원, 『지도군총쇄록』, 2008.

신안문화원, 『지명유래지1집』, 1987.

신안문화원, 『지명유래지2집』, 1988.

신안문화원, 『지명유래지3집』, 1989.

이승수, 『일본 민속학자가 본 1930년대 서해도서 민속』, 민속원, 2004.

이주빈, 「일제강점기 '대흑산도 포경근거지' 연구」, 목포대학교, 2017.

이중환, 『택리지』, 을유문화사, 2002.

정문기, 『물고기의 세계』, 1997.

정약전, 『자산어보』, 지식산업사, 2002.

주강현, 『조기에 관한 명상』, 한겨레출판, 1998.

최성환, 『문순득 표류 연구』, 민속원, 2012.

최성환, 『바다로 간 천사, 섬이 되다』, 신안문화원, 2012.

최성환, 『천사의 섬 신안의 문화유산』, 신안문화원, 2008.

한국고전번역원, 한국고전종합DB. (db.itkc.or.kr)

대한민국 도슨트
한국의 땅과 사람에 관한 이야기

다시, 한국의 땅과 한국 사람에 관한 이야기를 시작하다

이중환의 『택리지』, 김정호의 『대동지지』, 뿌리깊은나무 『한국의
발견(전 11권)』(1983)은 시대별로 전국을 직접 발로 뛰며 우리의
땅과 사람, 문화를 기록한 인문지리지들이다. 이 선구자들이
있었기에 우리는 오늘날까지 스스로를 보다 잘 이해하고 발전
시켜올 수 있었다.

　기록되지 않는 것은 시간이 흐르면 사라진다. 특히 정규 교
과에서 깊이 다루지 않는 1970~80년대 이후의 한국은 젊은 세
대에게는 미지의 영역이나 다름없다. 대한민국 도슨트 시리즈
는 더 늦기 전에 한국의 오늘을 이야기하고자 한다.

하나의 지역이 한 권의 책으로

각 지역의 고유한 특징을 깊이 있게 담아내고자 독립된 시·군

단위를 각각 한 권의 책으로 기획했다. 그리고 목차는 답사하기 좋도록 대표적인 장소 중심으로 구성하였다. 오래된 문화유산과 빼어난 자연환경은 물론, 지금 가장 활발하게 움직이는 곳이나 역동적으로 태동 중인 곳들도 담아내려고 노력했다.

이들 장소에는 그곳을 거쳐간 수많은 사람들의 기억과 경험이 누적되어 있다. 그것들을 살려내 가급적 쉬운 언어로 풀어내고자 애썼다.

지역의 시선이 고스란히 담긴 특별한 안내서

각 지역의 도슨트는 해당 지역에 거주하거나, 지역과 깊은 연고가 있는 분들이다. 오랫동안 가까이에서 지역의 변천사를 지켜봐온 저자들이 유의미한 공간들을 찾고 고유한 이야기를 풀었다. 이 시리즈가 지역의 거주민들과 깊이 있는 여행을 원하는 이들 모두에게 새로운 발견과 탐구의 출발점이 되었으면 한다.

대한민국 도슨트 시리즈 목록

* 대한민국 도슨트 시리즈는 계속 출간됩니다.
** 발간 순서는 사정에 의해 변경될 수 있습니다.

대한민국 도슨트 05

신안

1판 1쇄 인쇄 2020년 4월 13일
1판 1쇄 발행 2020년 4월 23일

지은이 강제윤
펴낸이 김영곤
펴낸곳 ㈜북이십일 21세기북스

키즈융합부문 대표 이유남
키즈융합부문 이사 신정숙
지역콘텐츠팀장 한아름
책임편집 조문경
외주편집 이현정
사진 강제윤
디자인 02정보디자인연구소
일러스트 윤아림
영업본부장 김창훈 영업1팀 임우섭 송지은 영업2팀 이경학 오다은 영업3팀 이득재 허소윤 윤송
제작팀 이영민 권경민

출판등록 2000년 5월 6일 제406-2003-061호
주소 (10881) 경기도 파주시 회동길 201(문발동)
대표전화 031-955-2100 팩스 031-955-2151 이메일 book21@book21.co.kr

(주)북이십일 경계를 허무는 콘텐츠 리더

대한민국 도슨트 채널에서 도서 정보와 다양한 영상자료, 이벤트를 만나보세요!
네이버오디오클립/팟캐스트 〈대한민국 도슨트〉
포스트 post.naver.com/travelstudy21
인스타그램 www.instagram.com/k_docent

ⓒ강제윤, 2020

ISBN 978-89-509-8733-6 04900
    978-89-509-8258-4 04900 (세트)

이 책의 내용 중 오류나 잘못된 정보가 있을 경우 k_docent@book21.co.kr로 연락주세요.
독자 여러분의 지적 사항을 반영하여 지속적으로 수정·보완하겠습니다.